역사를 통한

동아시아 공동체 만들기

역사를 통한

동아시아
공동체 만들기

김기봉 지음

푸른역사

책머리에

우리에게 동아시아란 무엇인가

'아시아'란 '해가 돋음, 일출'을 뜻한다. 이 말의 어원은 '나아가다'를 의미하는 고대 아시리아 셈어인 '아수asú'라는 동사에서 유래했다. 이 셈어가 그리스에 전래되면서 '아시아'는 해가 뜨는 곳을 가리키는 공간 개념으로 바뀌었다. 해가 뜨는 곳이 동쪽이라면 지구상에서 아시아의 발견은 아시아 중의 아시아, 곧 동아시아라는 명칭의 발명과 일치한다. 동아시아의 발명은 서구인에 의한 지리상의 발견이 완성되는 시점이다. 동방의 아시아 곧 '동양'의 정체성이 외부에 의해 각인된다는 것이 동아시아의 오리엔탈리즘적 기원이다. 따라서 동아시아는 근원적인 슬픔이 담긴 용어다.

근대로 진입하는 길목에서 동아시아를 호령하는 주체가 되고자 했던 일본 제국 역시 오리엔탈리즘의 포로가 되었다. 일본에게 동아시아란 서구가 주도하는 세계화에 편승하고자 하는 열망을 비추는 거울이었다. 하지만 일본은 서구 열강과의 제국주의 경쟁에서 곤란을 겪자 스스로도 동아시아라는 지정학적 운명에서 벗어날 수 없음을 깨달았다. 일본은 아시아의 맹주가 되어 서구에 대한 저항 에너지를 총집결해야 될 필요성을 깨닫고 '아시아주의'와 '대동아공영권' 개념을 만들어냈다. '대동아전쟁'에서 일본의 패망은 일본의 동아시아 구상이 좌초됐음을 뜻한다.

이후 동아시아는 미국과 소련이 주도하는 냉전적 세계질서에 포섭됨으로써 독자적인 정체성을 상실했다. 그러나 냉전시대는 역설적으로 일본은 물론 아시아의 네 마리 용이 비상할 수 있는 발판을 제공했다. 그러던 중 소련의 몰락으로 냉전이 종식되고 중국이 급부상함에 따라 망각의 늪에 빠졌던 동아시아 정체성이 재인식되는 전기를 마련했다. "빛은 다시 동방에서" 비춰진다는 인식과 함께 '리오리엔트'의 기운이 싹텄다. 이런 세계 문명사적인 전환기에 동아시아 담론은 부활했다.

동아시아 담론이 출현한 지도 벌써 15년 이상이 지났다. 하지만 동아시아란 아직 현실이 아니라 당위의 수준에 머물러 있다. 계속해서 문제는 당위와 현실의 거리다. 동아시아 공동체가 필요하다는 데에는 한·중·일을 비롯한 동아시아 여러 국가가 일치된 의견이지만, 그 모습이 구체적으로 어떠해야 될지에 대해서는 동상이몽을 하고 있다.

 우여곡절 끝에 2005년 11월 말레이시아 쿠알라룸푸르에서 역사상 최초로 동아시아 16개국 정상이 한자리에 모여 동아시아 공동체의 구성 방안을 논의했다. 이 정상회담은 그동안의 탁상공론에서 벗어나 동아시아 공동체를 구체적으로 어떻게 실현시킬 수 있을지를 숙의했다는 점에서 적지 않은 의미를 지닌다. 하지만 동아시아 공동체의 확대방향을 둘러싸고 각국이 첨예한 의견차를 드러냈다. 이 정상회담이 장차 하나의 역사적 사건으로 기록될 전망은 거의 없다.

 동아시아 공동체란 초국가적 지역질서다. 그럼에도 각국은 자국을 중심으로 동심원적으로 확대하는 방향으로 동아시아 공동체를 건설해나가야 한다는 생각을 한다. 이런 국가주의적 발상으로 동아시아 공동체에 어느 나라를 포함시키고 어느 나라를 제외할 것인가 하는 문제를 둘러싸고 각국은 헤게모니 투쟁을 벌였다. 결국 2005년 11월의 정상회담은 아세안ASEAN 10개국과 한·중·일은 물론 인도와 오스트레일리아 그리고 뉴질랜드를 포함한 16개국 정상이 모여 동아시아 공동체를 논의하는 형태가 되었다. 이것은 일본 주장을 반영한 것이었다. 일본은 동아시아에서 중국의 영향력을 견제할 목적으로 장차 미국까지 참여시키는 이른바 열린 지역주의를 지향한다. 이에 반해 중국은 아세안+한·중·일로 동아시아 공동체를 한정하기를 원한다. 그렇다면 한국의 입장은 무엇인가?

1895년 청일전쟁에서 일본의 승리는 사대주의에 입각한 중화제국 질서의 붕괴를 가져 왔고 일본이 이 지역에서 새로운 강자로 부상하는 계기를 마련했다. 일본은 '동양'이란 개념의 창안을 통해 중국을 이 지역의 일원인 '지나支那'라는 하나의 국민국가로 상대화시킴으로써 이 지역을 일본 제국주의가 주도하는 세력권으로 재편성하고자 했다. 동아시아란 지역적 정체성은 이 같은 일본 제국주의의 욕망으로 만들어졌다. 일본은 한국을 강제 병합한 후 동남아시아와 만주를 침략하고 급기야 미국과 전쟁을 벌였다. 그 명분은 서구 제국주의를 타자로 해서 설정한 대동아공영권이었다. 이런 역사적 경험이 동아시아의 미래를 어둡게 하는 사회적 기억으로 남아 있다.

그럼에도 왜 냉전적 세계질서가 해체한 후 한국에서 동아시아 담론이 급격하게 부상하는 현상이 발생했을까? 일본은 근대화 과정에서 서구 주도의 세계화 질서에 편승하는 한편 그에 저항하기 위해 동아시아 정체성 만들기를 시도했다. 마찬가지로 탈근대에서 한국은 미국이 주도하는 세계질서에서 탈피하여 스스로 역사적 운명을 개척하겠다는 입장에서 동아시아 지역질서를 새로 모색하고 있다.

이러한 한국의 모색은 100년 전 한반도를 둘러싼 제국주의 열강의 각축이 다시 벌어지고 있다는 위기의식에서 비롯했다. 일본과 중국이 동아시아에서 헤게모니 투쟁을 벌이는 가운데 다시 한반도가 분쟁의 한복판에 위치해 있는 꼴이 되었다. 왜 이렇게 역사가 되풀이 되는 것일까. 우리는 똑같은 역사의 불행을 겪지 않기 위해서 또다시 외세가 우리 운명을 결정하는 일이 없도록 해야 한다. 이를 위해서는 먼저 우리의 운명이 중국과 일본 사이의 관계 속에서 결정되는 역사적 구조에 대한 인식이 있어야 한다. 이러한 문제의식과 함께 탈냉전 이후 동아시아 담론이 유령처럼 나타났다.

우리는 지금 일본과 중국 사이에서 양자택일의 선택에 직면해 있는 것처럼 보인다. 하지만 현 상황에서 본질적인 대립구도는 일본과 중국이 아니라 미국과 중국을 축으로 설정되고 있다. 문제는 우리가 어느 한쪽을 선택할 경우 그쪽과 같은 편이 되는 것을 의미할 뿐만 아니라, 다른 한 쪽을 선택하지 않음으로써 그쪽과는 적대적인 관계에 돌입하게 된다는 점이다. 분단국가인 한국에게 그런 선택은 위험하다.

양자택일의 선택을 강요당하고 있는 한국에게 동아시아 공동체란 그런 딜레마에서 빠져나올 수 있는 탈출구로 여겨진다.

그래서 노무현 정부는 어느 한편에 속하지 않으면서 동시에 다른 편과도 적대적이지 않을 묘책으로 '동북아균형자론'을 제시했다.

하지만 한국이 동북아에서 균형자로서의 역할을 수행할 만한 국력을 갖지 못한 상황에서 '동북아균형자론'은 강대국을 사이에 두고 양다리를 걸침으로써 어느 한편에도 서지 못하는 애매한 선택으로 비춰질 수 있다. 냉엄한 국제 관계에서 그러한 선택은 위험을 자초하는 무모한 짓이라는 비판이 쏟아졌다. 그럼에도 그동안 우리는 남북 분단의 특수 여건 아래 균형자로서의 역할을 강요당해온 셈이다. 냉전이라는 세계질서 속에서 분단된 한반도는 동아시아 지역에서의 비자발적인 균형추 역할을 떠맡았다.

하지만 1980년대 말 동구권의 붕괴와 함께 냉전적 세계질서가 와해되자 한반도의 균형추 역할도 자동 해제되었고 이와 동시에 북한은 위기에 봉착했다. 그러자 북한은 핵무기를 개발하여 탈냉전적 세계정세와 상치되는 냉전적 질서를 한반도에 계속 유지시키는 벼랑 끝 전술을 펼쳤다. 김대중 정부의 '햇볕정책'은 이런 북한의 냉전적 발상을 해소시키기 위한 전략이었다. 하지만 북한을 인질 삼아 패권주의적 세계전략을 추진하는 미국의 힘 앞에서 '햇볕정책'의 효과는 근본적인 한계에 봉착했다.

노무현 정부의 '동북아균형자론'은 이러한 남한의 한계 상황을 타파하기 위한 고육지책이었다. 노무현 정부는 '동북아균형자론'을 통해 능동적인 균형자로서의 역할을 자임하고자 나섰지만, 미국의 패권주의적 세계전략에 가로막혀 소기의 목적을 거둘 수 없었다. 한반도가 '동북아균형자'로서의 역할을 할 수 있기 위한 전제조건은 동아시아 공동체다. 유럽이 유럽공동체를 통해 미국의 세계전략으로부터 상대적인 자율성을 획득할 수 있었던 것처럼, 동아시아 공동체의 토대 위에서만 탈미국적인 동아시아 지역질서가 성립할 수 있는 가능성이 열릴 수 있다.

동아시아는 아직까지 명확히 정의된 적이 없는 개념이지만, 갈등과 분열을 해소하고 평화와 공동 번영을 보장하는 지역질서로서 동아시아가 필요하다는 점에 공감하지 못할 이유는 없다. 동아시아란 왕조나 국가와 같은 실제로 존재했던 정치 공동체는 아니지만, 실재하는 부분들을 아울러서 전체를 이루게 하는 지역질서로서 엄연히 역사 속에 존재했다. 따라서 내가 여기서 추구하는 것은 하나의 지역질서로서 동아시아의 밑그림을 확인해보는 작업이다.

하나의 지역질서로서 동아시아는 근대 이전에는 화이사상을 근간으로 해서 성립해 있었고, 그 뒤에는 일본제국에 의해 대동아공영권으로 시도됐다. 전자가 사대事大라는 도덕적 코드와 조공체제라는 연성권력soft power을 토대 삼아 구현된 동아시아 지역질서였다면, 후자는 무력에 의거한 강성권력hard power으로 관철된 식민주의적 제국주의 질서였다. 그럼에도 이 둘 모두는 패권 추구를 목표로 한 수직적인 질서였다. 평화와 공동 번영을 보장하는 것을 목적으로 하는 수평적 질서는 결코 아니었다.

그렇다면 각 국민국가들 사이의 수평적 결합을 통한 '탈제국적' 동아시아라는 것이 과연 가능하겠는가? 이 같은 문제의식을 가지고 나는 먼저 제국적 또는 제국주의적 욕망으로부터 성립한 동아시아의 역사성부터 규명해보겠다. 또한 이를 바탕으로 '탈제국(주의)적' 지역질서로서 동아시아의 가능성과 불가능성을 논의해보고자 한다. 지금까지 우후죽순처럼 나온 동아시아에 대한 논의가 담론의 수준을 벗어나지 못한 일차적 이유는 동아시아에 대한 역사적 성찰이 부재했기 때문이다. 종래의 동아시아 담론은 역사로서 동아시아를 살펴보는 것을 생략하고 전망으로서 동아시아만을 관념적으로 주장함으로써 현실성을 획득하는 데 실패했다.

2005년 10월 한림대 아시아문화연구소가 주최한 국제학술대회에서 동아시아론의 대표적인 주창자 가운데 한 사람인 쑨거孫歌는 "우리가 놓인 상황을 비관념적으로, 즉 역사적으로 고찰해야 할 필요성이 인식된다면, 이 어휘는 역할을 다하고 망각되어야 할 것"이라는 폭탄선언을 했다. 그는 급기야 변화하는 현실을 파악할 아무런 시좌視座도 마련하지 못한 채 "공동화되고 있는 동아시아론"을 발전적으로 해체하자는 '포스트' 동아시아론을 제안했다. 그렇다면 우리는 이제 동아시아라는 허상에서 벗어나 국민국가적 현실로 다시 돌아가야 하는가?

국민국가가 엄연히 존재해 있는 현실에서 문제의식의 출발점은 국가와 민족일 수밖에 없다. 하지만 사고의 범주를 국가와 민족으로 한정해서는 현실의 질곡에서 벗어날 수 없다. 우리의 역사 문제가 한국이라는 국민국가를 단위로 해서 형성되지 않고 초국가적으로 복잡하게 얽혀 있다면, 먼저 문제의 지평에 합당한 사고의 범주가 무엇인가부터 숙고해보아야 한다.

이렇게 국민국가라는 사고 범주를 탈피해야 한다는 문제의식으로부터 동아시아 담론은 부활했다. 하지만 그동안의 동아시아 담론이 현실의 국민국가를 무시한 채 비역사적인 논의만을 반복함으로써, 마침내 쑨거 같은 대표적인 동아시아론자 스스로가 '포스트' 동아시아론을 제기하는 지경에까지 이르렀다. 나는 현재 이 시점에서 중요한 것은 지역질서로서 동아시아의 역사성을 확인하는 작업이라고 생각한다. 종래 동아시아론은 국민국가를 중심으로 동심원적으로 확대하여 동아시아라는 '상상의 공동체'를 구상하는 방식에서 탈피하지 못했기 때문에 한계에 봉착했다. 따져보면 지역질서란 관념도 근대 국민국가가 성립하기 이전부터 있었다. 페르낭 브로델F. Braudel은 지중해라는 지리적 공간의 세계사적 의미를 확인해냄으로써 역사적 변화의 심층을 이루는 장기지속의 구조를 발견했다. 마찬가지로 동아시아는 우리의 움직이지 않는 역사의 구조를 형성했다. 그 구조는 근대 국민국가의 성립과 더불어 변형된 형태로 여전히 한국사의 선험적 조건을 이루고 있다. 이러한 한국사의 심층구조는 여전히 유사한 역사적 상황을 만들어내는 요인으로 작동하고 있다.

동아시아 지역질서가 해체되거나 재편성될 때마다 전쟁이 일어났다. 그런데 고대의 나당전쟁과 중세의 대몽전쟁, 근세의 임진왜란과 병자호란 그리고 근대의 청일전쟁과 현대의 한국전쟁에서처럼 한반도가 전쟁의 한복판이 되곤 했다. 이런 역사의 악순환적 고리로부터 우리는 이제 벗어날 길을 모색해야 한다. 브로델의 말대로 "모든 구조는 역사의 받침대이자 동시에 장애물이다." 우리 역사가 동아시아라는 지리적 공간에 갇혀 있다는 점에서 동아시아는 우리 역사의 감옥이지만, 또한 동아시아는 우리에게 세계를 향해 도약할 수 있는 발판이 되기도 한다.

'우물 안의 개구리'처럼 민족에 매몰된 채 한국사의 문제를 바라보는 국사의 협소한 시각을 통해서는 우리 역사의 구조로서 동아시아가 보이지 않는다. 민족이라는 우물에서 벗어날 때, 동아시아라는 세계를 바라볼 수 있다. 지금 우리에게 동아시아란 민족에서 세계로 나아가는 길목이며, 이 길목에서 우리 역사가 어디로 나아가야 할지를 성찰해보자는 것이 이 책이 전하고자 하는 메시지다.

2006년 2월 저자

차례

책머리에 · 5

1. 동아시아 담론, 어디서 왔으며 어디로 가야 하는가
  −제국주의로부터 제국주의를 넘어서 · 19

2. 동아시아의 가능성과 불가능성 · 65

3. 동북아 시대에서 한국사 서술과 역사 교육
  −국사國史를 넘어서 · 103

4. '기억의 장場'으로서 동아시아
  −국사國史에서 동아시아사로 · 155

맺는 말 · 199

주석 · 204

찾아보기 · 216

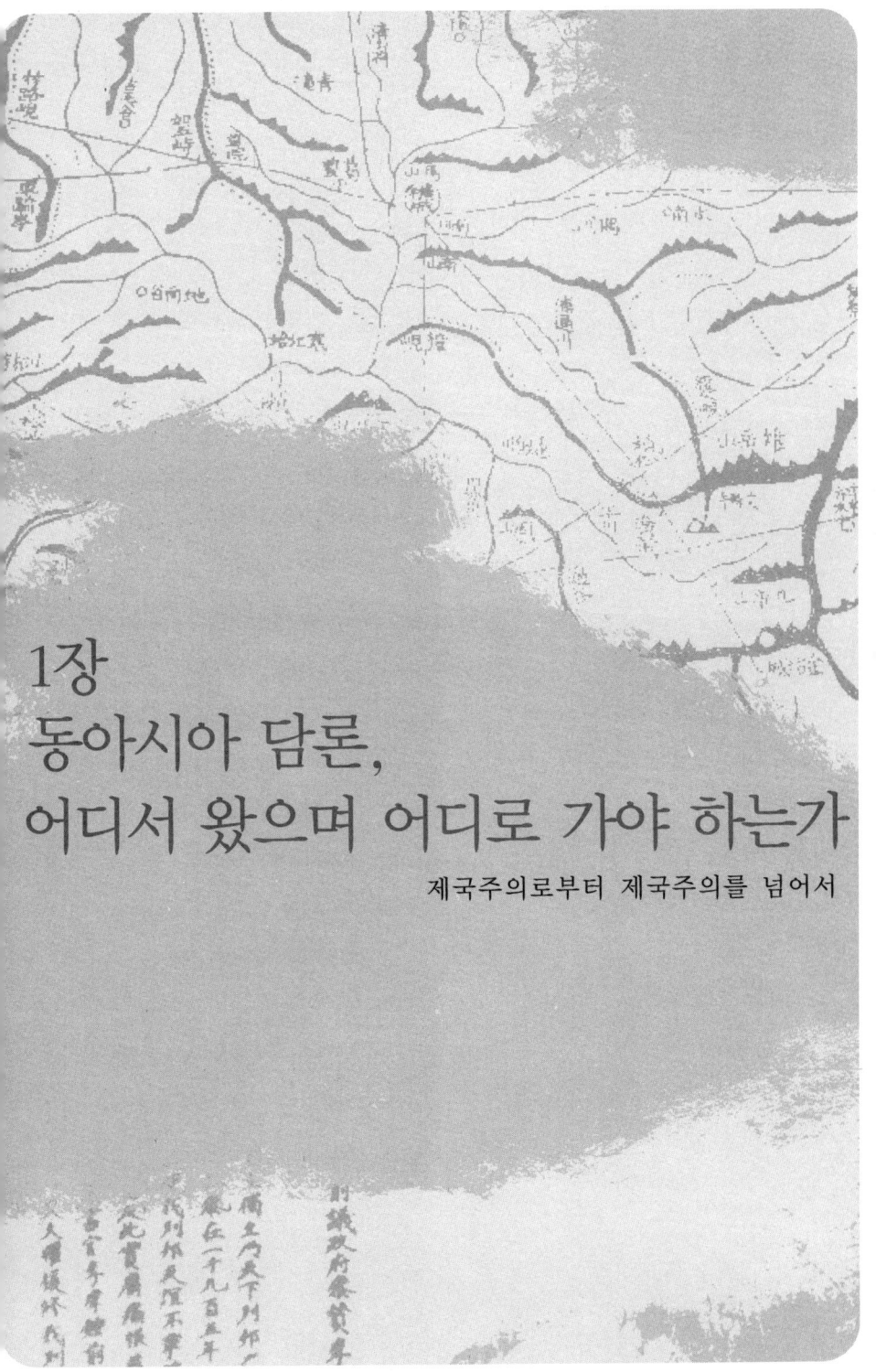

1장
동아시아 담론, 어디서 왔으며 어디로 가야 하는가

제국주의로부터 제국주의를 넘어서

● ● ●
동아시아 담론의 연속성과 불연속성

동아시아란 초국가적 지역 공동체를 의미한다. 아리스토텔레스 말대로, 전체는 각 부분들을 합한 것 이상이다. 그럼에도 동아시아를 개별적인 국민국가들을 산술적으로 더한 연합체로 상정하는 관성적 사고는 동아시아를 전체로 통찰하는 역사적 상상력의 빈곤을 낳았다. 동아시아란 현실적으로 존재해 있는 실체가 아니라 상상의 공동체다. 다른 상상의 공동체인 민족과 마찬가지로 동아시아는 근대적 산물이다. 하지만 근대 이전에도 민족 형성의 모태가 되는 원형적 민족proto-nation이 있었던 것처럼 원형적 동아시아가 중화라는 관념으로 존재했다.

하지만 중화와 동아시아는 역사적 연속성만큼이나 불연속

성을 갖는다. 전자가 중국 황제와 주변 왕조의 군왕들을 책봉과 조공이라는 연성권력soft power 관계로 묶는 제국적 질서라면, 후자는 일본 제국주의의 강성권력hard power에 의거한 식민지 지배체제다. 하지만 애초부터 동아시아가 일본 제국주의 전유물은 아니었다.

동아시아는 서구라는 타자를 거울로 삼아 조립된 '상상의 정치적 공동체'였다. 19세기 말 제국으로서 중국이 해체된 이후 동아시아는 하나의 대안적 지역질서로서 상상되기 시작했다. 서구 제국주의에 대한 대항주체이자 동시에 국민국가적 분열과 갈등을 극복할 수 있는 대안주체로 동아시아와 동양을 상상했던 20세기 초 여러 지식인이 있었다. 이 가운데 한 명인 안중근은 이토 히로부미를 동아시아 평화를 해치는 공동의 적이기 때문에 사살한다고 주장했다.

'상상의 평화 공동체'로서 동아시아는 일본이 조선을 병합하고 만주를 침공함으로써 에피소드에 불과한 것이 되었다. 이로써 동아시아는 일본의 제국주의적 야망을 투사하는 용어로 변질됐다. 일본 제국주의의 패전은 동아시아에 대한 모든 역사적 상상력을 고갈시켰다. 냉전시대에서 동아시아란 기껏해야 지정학적 위치를 가리키는 것 이상의 의미를 갖지 못했다.

하지만 탈냉전시대에 접어들자마자 동아시아 담론은 부활했다. 어떤 맥락에서 동아시아 담론을 재기할 수 있었는가? 20

세기 말에 새로 등장한 동아시아 담론은 19세기 말에 형성된 동아시아 개념과 어떤 연속성과 불연속성을 갖는가? 20세기 말에 새로 나타난 동아시아 담론은 19세기 말 동아시아 개념이 담지한 일본 제국주의적 야욕을 청산했는가? 21세기를 사는 우리는 과연 동아시아 담론을 통해 무엇을 하고자 하며 또 할 수 있는가?

우리의 지적 풍토에서 동아시아 개념은 긍정적인 의미로 사용되는 것이 일반적이다. 탈냉전시대에 동아시아는 우리 사회가 어디서 왔으며 어디로 나아가야 하는지를 고뇌하는 지식인들에게 하나의 화두다. 이렇듯 동아시아 개념이 다시 긍정적으로 사용되려면 그 개념의 태생적 한계인 제국주의로부터의 '탈맥락화de-contextualization'가 선행되야 한다.

탈맥락화란 역사적 맥락을 사장시키는 것이 아니라 현재의 문제의식을 갖고 동아시아를 하나의 역사로 자리매김하는 것, 곧 역사화를 통해 도달될 수 있다. 현재가 과거에서 기원했기 때문에 '과거청산'이란 자기의 뿌리를 부정한다는 점에서 애초부터 자기모순의 기획이다. 역사의 극복은 오직 역사를 통해서, 곧 새역사를 창조함으로써 이루어질 수 있다. 탈맥락화란 이렇게 새역사 창조를 통해서 역사적 맥락을 바꾸는 것을 의미한다.

최근 논의되는 평화와 공동 번영을 위한 동아시아 공동체란 과거의 제국(주의)적 동아시아로부터 탈피해서 새역사를 창조하기 위한 미래의 기획이다. 이를 위해 우리는 먼저 동아시아 개념의 제국주의적 맥락을 잘라내는 작업부터 시작해야 한다.

최근 역사학의 흐름인 '문화적 전환'은 이 같은 작업을 수행하는 데 새로운 전기를 마련해 주었다. 문화를 코드로 한 동아시아 담론의 해명은 다음 3단계로 수행될 것이다. 첫째, 제국주의 연구사에 대한 개관을 통해 동아시아 개념에 내재해 있는 제국주의적 기원을 해명한다. 둘째, 이러한 분석을 바탕으로 '제국주의 이후의 제국'[1]이란 비난을 받고 있는 세계화의 도전에 대한 응전으로서 동아시아 담론이 어떤 의미와 문제점을 갖는지를 성찰해보겠다. 끝으로 '동아시아론'을 넘어서 '동아시아학'이라는 하나의 독자적이 학문 분야가 성립할 수 있는지, 있다면 그 지향점은 무엇인가를 고찰해 보고자 한다.

••• 제국주의 시각의 '문화적 전환'과 동아시아 담론

제국주의 연구사를 살펴보면, 제국주의는 정치, 경제 그리고 문화와 같은 세 가지 코드로 해명되었다. 첫 번째로, 제국주의 핵심을 이루는 것은 정치적 지배이다. 제국이라는 말의 어원은 라틴어 임페리움imperium이다. 임페리움은 로마 공화정 말기와 제정 초기에 로마법의 권위가 통용되는 공간의 영역을 의미했다. 로마는 자치적이고 최고의 권위를 가진 정치적 공동체로서 제국의 이념을 토대로 속주들을 로마화 했다. 로마는 공통의 최고 권력자인 황제imperator를 정점으로 다양한 영토와 신민들을 제국이라는 하나의 정치적 공동체 안으로 포섭했다.

제국주의라는 용어는 나폴레옹 1세와 3세가 로마제국의 재현을 시도했던 것을 가리키는 말로 처음 사용됐고, 그 뒤 여러 차례 의미 변화를 겪었다. 정치적 지배를 중심으로 파악하는 한에서 제국주의는 자본주의 산물이 아니다. 제국주의를 정치적 개념으로 정의하는 학자들은 "제국이란 '한 국가가 다른 정치적 사회의 효율적인 정치적 주권을 통제하는 공식적·비공식적 관계이며, 제국주의는 그러한 제국을 형성하거나 유지하는 과정이거나 정책' 으로 정의한다."[2] 경제적이든 군사적이든 또는 문화적인 방식이든 상대방을 정치적으로 지배하고자 하거나 그런 것을 의도하려는 이념을 제국주의로 지칭한다. 만약 그렇게 정의한다면 제국주의는 자본주의가 특정 발전 단계에 돌입함으로써 도래하는 것이 아니라 고대로부터 지금까지 계속 존재해 있었다. 단지 정치적 합병의 존재 여부에 따라 공식적인 제국과 비공식적인 제국으로 나누어질 뿐이다.

공식적 제국의 선구적인 예는 로마제국이다. 로마제국은 중심부의 군대와 주변부의 협력자들에 의해 유지되는 제국이었다. 한일합방 이후 조선도 그런 의미로 일제의 공식적인 식민지였다. 이에 반해 청일전쟁 이전의 조선은 중국의 비공식적인 제국에 속했다고 말할 수 있다. 중국은 책봉제도를 통해 조선을 지배했다. 명과 청은 조선을 직접 지배하지 않고, 조선의 지배자를 왕으로 책봉하는 방식으로 비공식적 제국을 유지했다. 1945년 이후 탈식민시대가 되자 공식적인 제국은 사라졌다. 하지만 냉전체제 하에서 미국과 소련은 비공식적 제국으로 존재해 냉전적 세계질서를 관철시켰다.

두 번째 제국주의 이론은 경제적인 해석을 중심으로 체계화되었다. 경제적 해석은 1901년 출간된 홉슨J. A. Hobson의 《제국주의》가 효시를 이루었지만, 그 이후는 주로 마르크스주의자들에 의해 발전되었다. 홉슨에 따르면, 제국주의는 19세기 말, 20세기 초 영국 자본주의가 산업자본주의에서 금융자본주의로 바뀌면서 나타났다. 홉슨은 제국주의의 원인을 유대인 금융자본가의 용의주도한 악의적 행동에서 찾았다. 부의 불공평한 분배로 인해 소수 지배층은 과잉 저축을 하는 반면, 다수 대중은 구매력이 없는 상황에서 국내 자본의 해외수출이 일어남으로써 제국주의가 발생했다는 것이다. 따라서 홉슨은 국가가 가난한 사람들을 고려해 사회정책을 실시하고 경제체제를 개혁해서 대중의 소비 수준을 높인다면 제국주의를 막을 수 있다고 생각했다.

홉슨은 제국주의를 "주로 자본가가 사적 이익을 위해서 정부 기구를 이용해 국외의 경제 이윤을 확보하려는 음모"[3]로 보았다. 반면에 힐퍼딩R. Hilferding과 레닌V. Lenin 등과 같은 후대의 마르크스주의자들은 제국주의적 팽창을 자본가의 선택이 아니라 운명이라고 주장했다. 힐퍼딩은 제국주의를 낳은 금융자본주의는 자유방임주의와는 달리 지배와 종속을 낳고 조직을 필요로 하기 때문에 강력한 국가를 요구하고, 그러한 강력한 국가들 사이의 경쟁은 궁극적으로 전쟁을 야기할 것이라고 예측했다. 그러나 힐퍼딩은 제국주의화 하는 자본주의를 비관적으로 바라보지만은 않았다. 그는 마르크스가 영국과 인도의 관계에 대한 관찰에서 얻은 결론에 따라 제국주의는 자본주의에게 파괴와 재생의 이중적 계기를 제공할 것이라고 보았다. 요컨대 제국주의적 팽창이 진전되면 될수록 자본주의 번영의 기간은 길어지고 위기는 짧아진다는 것이다.

이에 반해 로자 룩셈부르크R. Luxemburg는 자본주의는 비자본주의 지역으로 자본을 확대하는 제국주의 정책을 취함으로써 일시적으로 그 생명을 연장시킬 수 있지만, 사본의 확대를 혹독하게 진행하면 할수록 자본주의의 축적기반은 더 빨리 소멸될 것이기 때문에 결국 자본주의는 붕괴할 것이라고 주장했다.

제국주의를 자본주의의 필요 불가결한 발전 단계라고 제국주의 이론을 정립한 이는 레닌이다. 레닌은 1차 세계대전 중에 집필한 《제국주의: 자본주의의 최고 단계》에서 제국주의란 가능한 모든 수단을 이용해서 팽창을 기도하는 독점자본주의 단계라고 했다. 레닌은 국내에서 투자처를 발견할 수 없게 된 잉여자본이 제국주의의 중심 동인이라는 홉슨의 분석을 이어받는 한편, 제국주의는 해외 식민지로부터 잉여이윤을 창출해 내 노동계급 상층부를 '노동 귀족'으로 만들어 줌으로써 사회주의 혁명을 일시적으로 저지시키는 장치로 보았다. 그의 분석에 따르면, 독점자본주의는 독점을 강화하기 위해 더 넓은 해외 시장과 원료 공급지를 확보하려고 투쟁을 벌여야 하기 때문에 전쟁은 필연적이다. 그는 이런 제국주의 전쟁이 사회주의 혁명의 도화선이 되어 자본주의는 필연적으로 멸망할 것이라고 예언했다. 그러나 그의 예언은 자본주의가 미발달했던 자신의 조국 러시아를 제외하고 유럽 어디에서도 실현되지 않았다.

위에서 검토한 제국주의에 대한 경제적 해석은 '제국주의학學'을 정립시켰다는 공헌에도 불구하고 여러 가지 점에서 비판받았다. 먼저 지적될 수 있는 것이 제국주의 일차적 동인이 경제적 요인인가이다. 식민지는 많은 사람들이 제국의 번영을 가져다준다고 믿었지만 실제로는 과시 효과를 얻기 위해 비용을 많이 들여야 하는 사치품과 같은 것이었다. 제국은 식민지 수탈을 효과적으로 하기 위해 식민지를 근대화 시켜야 했다. 이 과정에서 식민지인들이 민족의식을 각성함으로써 저항운동과 독립운동이 일어났다. 식민지란 튀르고의 경구대로 "익으면 떨어지는 과실"과 같은 것임에도 불구하고, 그러한 자연적 과정을 막으려 할 때 제국은 물질적 손실과 도덕적 부담을 각오해야 했다. 어느 시점에 이르러 식민지는 제국의 발전을 돕기보다는 오히려 가로막는 장애물이 되었다.

실제로 가장 전형적으로 제국주의 정책을 펼쳤던 영국의 경우 이득보다는 비용이 더 컸음에도 불구하고 계속해서 '해가 지지 않는 나라'가 되고자 했기 때문에 19세기 말부터 일어난 경제의 쇠퇴를 만회할 기회를 놓치고 몰락했다는 주장도 제기되었다. "즉, 차라리 좀 더 일찍 제국을 포기했더라면 영국 경제는 더 빨리 도전에 응할 수 있었을 텐데 세계 시장에서 어려움에 봉착하자 제국에 안주함으로써 손쉬운 해결을 찾았고 그럼으로써 가장 바람직한 시장인 유럽에서 독일 및 다른 경쟁국들에 대항할 기회를 놓쳤다는 것이다."[4]

제국주의적 팽창이 자본주의 발전에 도움을 주기보다는 오히려 상황 변화에 대응해서 구조조정을 해야 하는 기회를 상실시켰다는 주장이 독일의 경우를 비추어볼 때 상당한 설득력을 갖는다. 1870년대 이르러 독일의 경제성장이 영국을 따라잡을 수 있었던 요인은 해외투자가 아니라 국내산업의 발전 덕택이었다. 또한 1차 세계대전이 마르크스 레닌주의자들의 주장처럼 과연 제국주의 전쟁이었는지도 재검토되어야 한다.

1차 세계대전의 일차적 원인은 자본주의 구조라는 경제적 동기보다는 정치적 지배의 영역을 넓히려는 국가들 간의 경쟁에서 찾아야 한다. 유럽의 심장부에 위치한 독일이 강력한 민족국가로 부상함으로써 유럽의 세력 균형이 깨졌다는 사실 이외에 유럽의 변경에 위치해 있던 러시아가 남진하려는 의도를 갖고 끊임없이 군사력을 키워나갔기 때문에 유럽 내에서의 국가들 간의 충돌은 피할 수 없었고 그래서 1차 세계대전은 발발했다.

제국주의를 자본주의 문제로만 환원해서 보면 제국주의의 다양한 원인들을 찾지 못한다. 이 같은 문제의식에서 출발해 슘페터J. A. Schumpeter는 제국주의에 대한 사회학적 분석을 시도했다. 그는 《제국주의 사회학》(1919)에서 제국주의의 원인을 인간 행동의 특정 형태에 근거해서 설명했다. 그가 보기에 제국주의는 '팽창 그 자체를 위해 팽창'을 추구하는 절대왕정 시대의 정치구조가 남아 있었기 때문에 발생했다. 그는 제국주의 기원을 근대사회에 남아 있는 봉건적 요소가 대외팽창과 국가들 간의 대립이라는 새로운 환경에 대응하여 나타난 격세유전의 현상으로 파악했다. 제국주의는 절대주의 국가를 완전히 청산하지 못해 발생했다. 따라서 자본주의 발전과 더불어 사회가 합리화되면 제국주의는 소멸한다는 것이다.

독일의 역사가 한스-울리히 벨러Hans-Ulrich Wehler는 슘페터의 '사회제국주의' 개념을 도입하여 독일제국이 1차 세계대전으로 치달은 독일사의 구조적 요인을 밝히고자 했다. 벨러에 따르면, 독일의 제국주의 정책은 비스마르크가 퇴위하고 빌헬

름 2세가 세계정책을 펼침으로써 시작된 것이 아니었다. 애초 비스마르크는 해외 식민지 쟁탈전에 뛰어듬으로써 영국이나 프랑스와 같은 다른 유럽의 강대국을 자극하기보다는 유럽 내의 세력 균형을 더 중시했다. "나는 식민지를 소유하지 않을 것이다. 독일이 식민지를 가지는 것은 마치 셔츠가 필요한 가난에 찌든 폴란드 귀족이 셔츠가 아니라 실크 담비코트를 사는 것과 마찬가지"라는 것이 독일을 통일시킨 이후 그가 취한 기본 입장이었다.[5]

그런 그가 1880년대 중반에 이르러 식민정책으로 선회했다. 거기에는 국내 정치적 요인이 있었다. 가톨릭교회 및 사회주의자들과의 갈등 그리고 산업화가 야기한 사회문제 때문에 독일제국이 총체적인 위기에 빠지자 비스마르크는 외적인 방식으로 국내 문제를 해소하기 위해 식민정책을 추진하였다. 다시 말해 그는 국내 정치에 불만이 많은 노동자들이 내적인 사회혁명을 꿈꾸자 해외 식민지로 돌리기 위해 제국주의 정책을 실시하였다.

이 같은 사회제국주의 개념은 일본의 제국주의적 팽창을 분석하는 데 유용한 문제틀이 된다. 일본의 근대화는 서양의 충격으로부터 시작되었다. 서양의 충격에 대응하는 과정에서 다원적이었던 일본의 봉건적 '민족체nationality'는 천황을 정점으로 하는 민족주의로 개편되었다. 국내외의 절박한 상황을 고려해 일본은 메이지유신과 같은 위로부터의 근대화를 통해 산업 발전과 군사력 증강을 빠른 속도로 진행시켰다. 하지만 사회개혁을 수반하지 않는 근대화이기 때문에 일본은 심각한 내적 위기에 직면했다. 실제로 일본은 근대화의 일차 동력을 재래식 농업에서 구하였다. 지주는 농민으로부터 생산물의 7할을 소작료로 징수하고 그 반을 조세로 정부에 납입했다. 정부는 이 수입에 의존해 산업화를 추진했고 군대를 근대화했다. 그러나 시간이 지날수록 농민의 불만은 커졌고, 이는 결국 사회적 위기를 심화시켰다. 러시아에서 일어난 사회주의 혁명은 지배 엘리트들에게 사회문제를 더 이상 방치할 수 없다는 위기위식에 직면하게 했다.

당시 일본은 서양의 선진국들과 경쟁을 벌여야 한다는 국외문제와 사회 내적 모순을 해결해야 한다는 국내문제의 이중적인 어려움에 직면했다. 위기에 처한 일본의 지배 엘리트들은 내적 해방의 관심을 밖으로 돌려 보상하는 사회제국주의를 선택했다. 그들은 국내적인 모순은 그대로 두고 해외로 진출함으로써 문제를 해결하고자 했다. 유럽 선진국들은 1차 산업혁명과 2차 산업혁명을 시간차를 두고 완수할 만한 여유가 있었지만, 이 두 혁명을 동시에 추진해야 했던 일본은 '시간과의 경쟁'을 해야 했다.[6]

위로부터의 근대화는 일시적으로나마 시간과의 경쟁을 효

과적으로 추진할 수 있게 만들었지만, 장기적으로는 모순을 심화시켜 위기감을 심화시켰다. 뒤늦게 산업화를 시작해 원료 공급지와 상품시장이 절대적으로 부족했던 일본이 제국주의 팽창 정책으로 나아가는 것은 거의 필연적이었다. 대부분의 일본인은 영토 확장이 일본이 근대세계의 대열에 동참하기 위한 불가결한 조건이라고 생각했다. 이러한 일본의 팽창정책의 첫 번째 희생자가 되었던 것이 조선이었다. 그러나 조선 병합만으로 일본 제국주의 정책이 완수될 수는 없었다.

억제할 수 없는 급속한 인구 증가는 1910년대 중반에 이르러 마침내 심각한 위기로 인식되었다. 하시모토 킨고로는 《청년에게 바친다》에서 다음과 같이 말했다. "일본이 인구 과잉의 압박에서 벗어나는 길은 단지 세 가지밖에 남아 있지 않다. 그것은 이민이나 세계시장으로의 진출, 또는 영토 확장이다. 첫 번째 길인 이민은 여러 외국의 반일 이민정책으로 어려워졌고, 두 번째 길도 관세의 장벽과 통상조약의 파기로 인해 막히고 있다. 이렇게 세 가지 길 중 두 가지가 막힌 지금, 일본은 무엇을 해야 하는가?"[7]

총체적인 정치개혁 없이 천황을 중심으로 근대화를 추진했던 일본은 국민국가가 아니라 '신의 나라'가 되었다. 일본은 서구처럼 국민주권을 확립시키는 방향이 아니라 천황을 신격화시키는 방식으로 민족국가적 통합을 이룩하였다. 천황을 정점으로 민족을 통합했던 일본은 봉건적인 수직적 질서를 바탕으로 국가의 위계질서를 확립시켰다. 이러한 수직적인 위계질서를 일본은 국제관계에 그대로 전이시킴으로써 주변나라에 대한 정치적 지배를 정당화하는 제국주의 논리를 개발했다. 그것은 구체적으로 전통적인 한·중·일 관계를 재편성하려는 기획으로 나타났다.

일본은 제국주의적 맥락에서 동아시아와 동양과 같은 새로운 개념을 창안했다. 이는 일본의 식민지 정책학이 만든 심상지리imaginative geography였다. 이에 따라 주체적 능력으로는 근대화할 수 없고, 지리적으로는 동양에 속하지만 문명적으로는 동양에서 이미 탈피한 일본에 의해서만 근대로 진입이 가능하다는 일본의 오리엔트Japan's orient로서 동아시아상像이 만들어졌다.

일본 제국주의의 패망과 함께 우리는 해방을 맞이했지만, 일제가 심어 놓은 오리엔탈리즘적 심상지리는 여전히 우리의 의식구조를 형성했다. 냉전시대 동아시아는 일본의 오리엔트가 아니라 미국의 오리엔트가 되었다. 냉전적 세계질서 속에서 미국은 제국주의 이후의 제국이 되고, 동아시아는 이런 미국의 제국적 주권imperrial souvereignty에 종속됨으로써 지역적 정체성을 상실했다. 미국의 제국적 주권은 제국주의시대의 강성권력이 아닌 연성권력에 근거해 행사됐다. 미국은 세계 화페인 달러와 자유민주주의라는 이데올로기를 통해 동아시아를 훈육통치disciplinary government하고자 했다. 1980년대 말 냉전의 한 축인 동구권이 몰락하자 미국은 이러한 훈육통치를 전지구적으로 확대하고자 세계 경찰로서의 역할을 자임했다. 동아시아 담론은 미국의 이러한 제국적 훈육통치에서 벗어나기 위한 대안적 지역질서를 모색하는 과정에서 부활했다.

세 번째 제국주의 연구의 '문화적 전환'은 제국주의 이후의 제국이 연성권력에 의거해 헤게모니를 행사하는 현실에 대한 통찰에서 비롯됐다. 이러한 학문적 경향성은 1980년대 이래로 문학과 철학을 위시한 인문사회과학 전반에 몰아닥친 탈근대주의와 탈구조주의의 세례를 받고 나타났다. 탈식민시대에도 국가 간에 지배와 피지배의 관계가 새로운 방식으로 유지되거나 재생산되고 있다는 문제의식은 이제까지 물질적 현상으로만 파악했던 제국주의를 문화적 현상으로 바라보게 했다.

때마침 에드워드 사이드E. Said의 《오리엔탈리즘》이 출간돼 문화제국주의를 새롭게 이해하는 통로를 열어주었다. 사이드는 제국주의 연구에서 자본주의 생산양식을 유지하기 위한 이데올로기로서 문화가 상부구조에 해당한다는 종래의 시각을 비판했다. 그는 문화의 지식체계가 제국주의 지배관계를 생산하고 유통시키는 토대라는 탈구조주의 방법론을 제시했다.

탈구조주의 방법론을 최초로 창안한 푸코에 따르면, 권력을 이루는 것은 제도나 구조가 아니라 복잡하게 뒤얽힌 전략적 상황을 규정하는 명칭들이다. 특정 사회의 질서를 결정하는 것은 바로 그 사회에 대한 명칭이며, 이러한 명칭을 만들어 내는 것은 푸코가 에피스테메episteme라고 불렀던 지식체계다. 사물의 질서를 지칭하기 위해 명칭이 있는 것이 아니라 명칭이 사물의 질서를 구성한다는 것이다. 인간의 사고행위는 언어라는 '감옥' 속에서 이루어지기 때문에, 인간이 언어를 선택하는 것이 아니라 언어가 인간의 인식을 결정한다.

이런 푸코의 주장에 영향을 받은 사이드는 오리엔탈리즘이라는 언어가 만들어내는 제국주의를 분석했다. 사이드에 따르면, 오리엔탈리즘 담론이 담지하는 동양은 동양의 본래 모습이 아니라 서구인들의 부정확한 정보와 왜곡된 편견에 의해 투사된 허상이다. 이런 담론에 의해 동양은 스스로 존재하지 못하고 서구인들에 의해 정의된 형태로 규정됐다. 서양인들은 동양인을 이해하기 위해서가 아니라 그들의 지배를 받아야 한다는 제국주의 이데올로기를 만들어 낼 목적으로 동양에 대한 지식을 생산했다.

오리엔트란 원래 서구 문화와 문명의 내적 구성을 이루는 부분이다. 그래서 서구는 동양에 대한 제국주의적 침탈을 정당화하기 위해서는 먼저 오리엔트 문명과 서구 문명 사이의 본래적 관계를 역전시킬 새로운 지식체계를 필요로 했다. 오리엔탈리즘이란 담론은 이런 필요가 만든 발명품이었다. 오리엔탈리즘 담론에는 서구인들의 '은폐된 자기'인 오리엔트를 소외시켜 자신들의 새로운 정체성과 권력을 획득하고자 하는 숨은 뜻이 담겨있었다. 따라서 이것은 문화적 헤게모니를 위한 이데올로기적 장치였다.

같은 맥락에서 동아시아는 일본의 오리엔트로 규정됐다. 일본은 동아시아 담론을 매개로 해서 '은폐된 자기'로서의 아시아와 차별성을 가진 자신을 부각시켰다. 제국 일본은 자신과 다른 아시아의 차이를 부정해야 할 타자성으로 규정하는 전략으로 자신들의 제국주의 지배를 정당화하는 논리를 만들었다.

존재론적으로는 동아시아지만 인식론적으로는 동아시아가 아님을 주장하는 일본의 이율배반적인 지향점은 비동시적인 것을 동시적으로 성취해야 한다는 일본 근대화의 특수성을 반영했다. 일본이 제국주의 정책을 기도했을 때 일본의 경제발전 단계는 결코 서구 선진국 수준에 이르지 못했다. 1900년 일본의 1인당 국민소득은 대략 10달러로 추정되며, 이는 모든 식민 지배 열강 가운데 최하위였다. 미국은 물론 유럽 국가들은 직물산업으로 대표되는 1차 산업혁명의 단계를 이미 거쳤고, 이제 그들은 철강·석유로 상징되는 2차 산업혁명의 단계에 있었다. 이들 서구의 선진 자본주의 국가들은 마르크스주의 이론가들이 주장하는 것과는 달리 자본주의 발전을 가속화시키기 위해 새로운 식민지를 필요로 하지 않았다. 그러나 일본의 경우는 달랐다. 두 단계의 산업혁명을 동시에 수행해야 하는 일본은 풍부한 원료와 식량 그리고 시장을 제공하는 식민지가 절대적으로 필요하였다.[8]

제국주의적 필요로부터 동아시아라는 '상상의 공동체'가 발명되었다. 이러한 발명의 대가는 일본의 정체성을 끊임없이 이중적으로 만드는 것이었다. 동아시아에 대한 제국주의적 지배의 정당성을 확보하는 것이 필요한 시점에서는 비서구로서는 유일하게 근대로의 이행을 성취했다는 것을 근거로 하며 탈아입구脫亞入歐의 정체성을 고취했다. 반면에 서구 제국주의와의 전쟁에 동아시아 인민들을 동원할 필요가 생겼을 때에는 대동아공영권을 명분으로 해서 일본을 중심으로 서구 열강에 맞서 아시아 해방을 이룩해야 한다고 역설했다.

제국주의를 보는 시각의 '문화적 전환'을 통해 새로운 사실이 부각되었다. 담론, 곧 이야기가 정체성과 지배 권력을 생산한다는 것이다. 사이드가 말했듯이, "이 세상의 이상한 지역들에 대해 탐험가들과 소설가들이 하는 말의 핵심에는 언제나 '이야기 하기narrations'가 있다. ······ '이야기 하기'는 또한 식민지인들이 자신들의 정체성을 주장하고 자신들의 역사가 존재함을 주장하는 방법이 되기도 한다. 제국주의의 주요 전투는 물론 땅을 놓고 일어난다. 그러나 누가 그 땅을 소유하고, 누가 거기 정착해서 경작할 수 있는가 그리고 누가 그것을 지속시키고 탈환하며 미래를 계획할 수 있는가 하는 문제가 되면, 그것들이 반영되고 논의되며 일시나마 결정되는 곳은 바로 네러티브 속에서이다."[9]

일본 식민지 정책학의 창시자라고 할 수 있는 니토베 이나조오新渡戶稻造는 미개한 비서구를 문명화할 '명백한 운명'을 가졌다는 서구 제국주의 논리를 본보기로 해서 "식민은 문명의 전파다colonization is the spread of civilization"라는 논리로 식민지 제국의 심상지리를 발전시켰다. 시라토리 구라키치白鳥庫吉는 이런 심상지리의 기원을 설명해줄 역사 이야기로 '동양사'를 만들어냈다.[10] 따라서 시라토리의 '동양사'에는 누가 근대화의 주체이며 어떻게 근대화를 할 것인가에 대한 네러티브가 함축되었다.

시라토리의 동양사는 종래의 중국을 '지나'로 바꾸고, 이를 조선으로부터 만주를 거쳐 중앙 아시아와 서역 그리고 더 나아가 동유럽까지를 포괄하는 동양이라는 더 넓은 시공간 속에 위치시키는 방식으로 상대화시켰다. 그는 이런 동양이라는 '상상의 공동체'를 무대로 해서 일본 역사의 전개 과정을 재구성했다. 서양의 기원이 오리엔트 곧 동양이라는 사실로부터 일본은 그와 같은 '상상의 공동체'로서 동양을 고안해 냈다. 일본은 이런 동양 담론을 통해 서구 제국주의 침략에 대항해 아시아 정체성을 수호하면서 동시에 정체된 동양을 근대화시킬 역사적 사명이 일본에게 있다는 동양사의 내러티브를 전파했다.

강상중이 주장했듯이 동양 담론에 내재해 있는 동양사란 '기원이라는 키메라'에 사로잡힌 역사가에 의해 날조된 역사다. "시라토리는 일본의 순수한 '기원이라는 키메라'에 매혹되어 역사가 '기원의 엄숙함'을 웃어넘기는 법을 어떻게 가르쳐주는지를 잊어버리고 말았던 것이다. 말하자면 그 악마에게 사로잡힌 영혼의 그림자를 쫓아내기 위해서 역사라는 의사가 필요함에도 불구하고, 거꾸로 모든 차이·분산·불연속을 일본의 '기원'이라는 하나의 동일성을 향해 통합하면서 신화의 세계로 귀환했던 것이다."[11]

시라토리는 서양 중심의 세계사적 위계질서를 대체할 수 있는 대항역사를 '동양사'의 발명을 통해 성취할 수 있다고 믿었다. 그는 '동양사'라는 역사 이야기를 통해서 '일본의 동양'이라는 상상의 공동체를 만들어내는 방식으로 서양의 전체성을 대신한 일본 중심의 전체성을 구상했다. 나중에 제국주의 팽창이 본격적인 실행 단계에서 이르자 이것은 대동아공영권의 기획으로 귀결되었다.

동양 또는 아시아가 하나의 지정학 단위로 범주화되는 것은 청일전쟁 이후 일본 제국주의의 침략이 본격화되면서부터다.

"일본이 침략하기 이전에는 이 지역에 일정한 지정문화적인 공간은 성립하지 않았고, 따라서 아시아의 일체감 따위는 존재할 수 없었던 것이다. 그러나 일본의 대만 통치 그리고 한반도 침략과 식민지화 또한 대륙으로의 팽창과 '남진'은 아시아를 단숨에 국제관계에서 한데 묶인 존재로 끌어올리고, 마침내 느슨하기는 하지만 지정문화적인 질서의 공통 의식이 형성되어, 분산된 지역과 나라들이 아시아 속에서 자신의 정체성을 발견하게 되었다."[12]

우리는 일본 제국주의가 만들어낸 동양이라는 상상의 공동체 속에서 자신의 정체성을 찾았던 조선인들을 '친일파' 또는 '협력자'라고 규정한다. 그들은 제국주의 권력에 동참했기 때문에 '매국노'라는 비난을 받는다. 그런데 일본이 만들어낸 동양사 이야기에 감응해서 자발적으로 일제의 협력자가 되었던 조선의 많은 지식인들을 그렇게 지탄하는 것이 옳을까? 그들은 민족 반역자라기보다는 일본 제국주의자들이 날조한 동양과 동양사 담론을 순진하게 믿은 대동아주의자들이다.

구한말 척사위정파는 애국자이고, 근대화를 신봉한 개화파는 매국노였다는 역사의 이분법적 평가는 폐기되어야 한다. 척사파는 중화사상의 신봉자였고, 개화파는 서구 문물에 열광했던 사람들이었다. 구한말의 역사적 맥락에 비추어볼 때, 누구의 역사적 선택이 옳았고 누구 것은 틀렸다고 지금의 우리가 쉽게 평가 내려서는 안 된다. 위정척사운동은 조선이 소중화小中華라는 자의식을 갖고 봉건사회를 강고하게 온존시키고자 했던 데 반해, 개화운동은 일본을 통해 서양의 문물과 제도를 적극적으로 수용하고자 했다.

중화사상으로부터의 탈피가 조선 근대화의 필요조건이었다는 점을 인정한다면, 한·중·일 가운데 가장 먼저 근대개혁에 성공한 일본에 기대어 조선의 근대화를 꾀하고자 했던 협력자들 일반에 대한 세세한 구분을 생략한 채 모두 매국노라고 매도하는 것은 정당한 역사적 평가가 아니다. 협력자의 상당수는 조선의 자생적 근대화가 불가능한 상태에서 제국주의 세력의 도움을 빌어서라도 근대화 해야만 한다고 생각했다. 그래서 그들은 스스로를 애국자로 자부했다. 그들의 이러한 판단은 자기 정당화를 하는 궤변으로 비난받아 마땅하다. 하지만 그들이 오늘날 민족 반역자로 지탄받게 된 것은 '선 실력양성, 후 독립'이라는 그들의 꿈이 실현되지 못한 역사적 결과에 기인했다는 점도 성찰해볼 필요가 있다.[13]

'문화적 전환'이 제국주의 연구사에서 이뤄낸 가장 큰 성과는 제국주의자와 식민지인 사이의 상호 연관 속에서 제국주의를 새롭게 조명할 수 있는 시각을 열었다는 점이다. 종래의 제국주의 연구는 일반적으로 중심부, 곧 제국주의 팽창을 시도했던 제국의 의도에 초점을 맞추어 행해졌다.

이에 반해 영국의 역사학자 로빈슨R. Robinson과 갤러거J. Gallagher는 식민지배를 받았던 현지인들의 협력에 주목할 것을 주장하는 주변부 이론을 제기했다. 이들의 주장에 따르면, 현지의 협력자들이 없었다면 유럽인들은 비유럽 제국을 점령하거나 지배할 수 없었다. 특히 소수의 군대를 파견해 거대한 인구를 가진 인도 식민지를 지배했던 영국 제국의 경우, 협력자의 역할이 식민지 지배의 유지와 종말을 결정했다.

협력자들은 제국의 지배가 자신들의 권력을 유지하는 데 더 이상 도움이 되지 않는다고 판단되면 민족주의자로 변신해독립운동을 전개함으로써 인도라는 민족국가를 탄생시켰다.[14] 인도는 영국의 식민통치를 받기 이전에는 역사상 한 번도 통일국가나 민족을 이루지 못했다. 그래서 인도가 영국 제국의 식민지 지배를 받지 않았다면, 오늘날과 같은 통일된 민족국가는 성립되지 못했을 뿐만 아니라 심지어 무골 제국의 지배를 지금까지 계속 용인하고 있었을는지도 모른다는 주장도 제기됐다.

그렇다면 일본 제국주의의 침략과 지배도 조선인 협력자들이 있었기 때문에 가능했고, 일본의 식민 통치를 겪지 않았다면 조선 왕조는 망하지 않았을까? 일본 제국주의는 인종적으로나 문화적으로 유사한 사람들이 거주하는 주변 국가들을 지배 대상으로 삼았다는 점에서 유럽 제국주의와 다른 문제에 직면했다. 또한 역사적으로 보아 일본은 근대 이전까지만 해도 중국이나 조선에 비해 문화적으로 미개하였기 때문에, 일본 제국주의에 대한 조선인과 중국인들의 울분과 모욕감은 유럽의 식민지와 비교할 수 없을 만큼 컸다.

일제는 조선과 중국을 식민지로 지배하기 위해서는 무엇보다도 먼저 문화적 헤게모니부터 잡아야 했다. 이를 위해 일본은 한·중·일 삼국 가운데 유일하게 자국만이 근대화에 성공했다는 사실을 내세워 '동양사'라는 역사 이야기를 날조하여 제국주의 팽창의 이데올로기로 삼았다. 일본은 중일전쟁을 맞이해서는 이전의 중국의 지위를 전유하기 위해 중화사상을 대체하는 '대아시아주의'를 만들어냈다. 그리고 2차 세계대전이 발발했을 때는 "황도의 위대한 정신에 의거한" '대동아공영권'이라는 근대적인 제국을 건설하고자 했다.[15] 이러한 담론이 일제하의 조선 지식인들의 에피스테메를 이룰 때, 그들은 자진해서 일제 협력자가 되었다.

일제 협력자가 된 식민지 조선 지식인들이란 일반적으로 위와 같은 동아시아 담론을 전유함appropriate으로써 일본 제국주의가 행한 범죄와 만행의 공범자가 되었다. 그들의 역사적 선택은 분명 잘못되었다. 그런데 만약 지금의 우리가 그 시대를 살았다면, 우리는 과연 그들과 다른 역사적 선택을 할 수 있었을까? 다른 시대를 살았던 사람들의 선택을 제대로 평가하기 위해서는 먼저 역사 현실을 해체하여 우리 나름대로 재조립해 보는 실험이 필요하다. 당시 그들이 내린 선택과 그 선택으로 말미암아 가능성이 있었음에도 실현되지 못했던 역사의 다른 가능성들을 시뮬레이션 해봄으로써 그 시대를 살았던 사람들은 알지 못했던 대안적인 역사적 연관성들을 발굴해낼 수 있다. 역사적 사유 공간을 실제 일어난 역사의 현실태 뿐만 아니라 그 가능태까지 확장시키기 위해서는 먼저 지금까지 식민지 시대의 역사를 '저항'과 '협력'의 이분법적 틀로 바라보았던 시각에서 벗어나야 한다.

'저항'과 '협력'이라는 이분법을 형성하는 코드는 민족이다. 민족이라는 코드에서 탈피해 우리 역사를 볼 때, 동아시아라는 대안적 역사 세계가 진지하게 고려될 수 있다. 지금까지 우리는 안중근, 박은식, 신채호 그리고 이광수와 윤치호 등과 같은 선각자들을 민족 담론에 입각해서만 이해하고 평가해왔다. 그러나 그들은 동양과 동아시아를 화두로 당시 복잡하게 얽혀 있었던 우리 역사의 문제를 풀고자 했던 시기에 활동했다. 21세기에서 동아시아 담론의 부상은 이러한 문제의식의 부활로 볼 수 있다.

그렇다면 다시 돌아온 동아시아 담론에 희망을 거는 오늘의 한국 지식인들은 일제 식민지하의 지식인들과 어떤 차이가 있는가? 제국주의적 맥락으로부터 생성된 동아시아 담론을 오늘날 명예회복 시킬 수 있는 가능조건은 무엇이며, 이 조건들을 실현시키기 위해 우리는 무엇을 해야 하는가?

세계화의 도전과 동아시아 담론의 응전

20세기에 일어났던 가장 중요한 변화들 가운데 하나가 세계화다. 세계화 또는 전지구화로 번역되는 globalization이란 국가들 사이 교환의 증대를 의미하는 internalization(국제화)와는 차원이 다른 우리 삶의 일반, 곧 정치, 경제, 사회 그리고 문화가 국민국가의 국경을 넘어서 전 세계적인 차원에서 유기적으로 작동하여, 이것이 우리 삶의 기본적인 조건을 이루는 것이다.

근대에는 전 지구를 하나의 시간과 공간으로 재구성했던 자본주의 세계체제가 제국주의를 낳았다. 그에 비해 공식적인 식민지가 사라지고 '지역적인 지식'이 재평가받는 탈근대에서 세계화는 네그리와 하트의 말대로 '탈중심'적이고 '탈영토적' 제국을 생성했다. 근대와 탈근대의 관계처럼 제국주의와 세계화는 연속과 단절을 내재한다. 마르크스가 《공산당선언》에서 말했듯이, 자신의 모습대로 세계를 창조하고자 했던 부르주아지는 모든 민족에게 부르주아 생산양식을 강요하는 속성을 가진다. 때문에 근대에서는 제국주의 방식으로 그리고 탈근대에서는 세계화의 전략으로 전지구를 통일하고자 했다. 요컨대 세계화시대에서 제국주의는 현상적으로는 소멸한 것처럼 보이지만, 본질적으로는 새로운 형태로 변형을 이뤄 존재함으로써 여전히 힘을 발휘하고 있다.

 이 시점에서 동아시아 담론은 세계화라는 새로운 방식의 제국주의에 대한 응전을 목표로 대두했다. 세계질서를 형성했던 냉전의 종식과 함께 대립의 형태가 '문명의 충돌'로 바뀌었다는 문제의식은, 전통 문화에 대한 재인식을 촉구했다. 이로 인해 동아시아라는 상상의 문화 공동체가 모색되었다. 그러나 현 단계에서 동아시아 공동체는 여전히 모색의 수준에 머물고 있다. 문학, 철학, 사회학, 정치학 그리고 경제학 등 인문사회과학 전반에서 동아시아에 대한 논의는 다양하게 일어났으며, 이에 대한 학계 일반의 관심도 높은 편이다. 하지만 개별적인 논의를 넘어서 학문간의 경계를 가로지르는 논쟁은 거의 일어나지 않았다고 해도 과언은 아니다.

  동아시아에 대한 논의가 담론의 수준에서 탈피하여 하나의 '동아시아학'으로 정립되기 위해서 일차적으로 필요한 것이 있다. '동아시아적인 것'이란 무엇인가를 구성해내는 일이다. 동아시아라는 실체로부터 '동아시아적인 것'이 나온 것이 아니라 '동아시아적인 것'으로부터 동아시아 정체성이 규정된다. '동아시아적인 것'을 구성하는 핵심 요인으로 무엇보다도 먼저 전통이 거론된다. 예를 들어 유교자본주의, 아시아적 가치와 같은 말이 만들어질 수 있는 선결조건은 전통에 대한 재평가다. 하지만 유교자본주의, 아시아적 가치와 같은 개념은 과거의 뿌리를 찾기 위해서가 아니라 현재를 설명할 목적으로 만들어졌다. 현재의 필요와 기대가 전통을 발명하고 재구성해냈다.

  이렇게 만들어진 동아시아 개념은 앞에서 일본의 '동양사'와 '아시아주의'처럼 '기원의 망상'에 빠져 있다. 요컨대 동아시아란 그 개념이 처음 나타난 19세기 말 20세기 초는 물론 지금까지 전통 그 자체를 설명하는 분석 개념이 아니라, 현재의 기원을 역사적으로 재구성하여 궁극적으로는 미래를 자기 것으로 만들고자 하는 '권력 의지'를 내포한다. 하지만 이런 '권력 의지'는 IMF 구제금융 사태를 맞이하면서 된서리를 맞고 수면 밑으로 가라앉았다.

유교자본주의와 아시아적 가치와 같은 개념은 동아시아 자본주의 특수성을 해명할 수 있는 시각과 방법을 제시한다는 점에서 의미가 있다. 하지만 그 개념들은 순수한 시각과 방법의 차원에 머무르지 않고 근대의 담론에 의해 부정되고 폄하된 전통을 긍정적으로 재인식하고자 하는 이념을 내포한다.

근대성 자체를 지향해야 할 이념이 아니라 해체해야 할 에피스테메로 보는 탈근대주의의 주장에 고무된 비서구 지식인들은 전통과 근대에 대한 새로운 관계 설정과 접합을 모색한다. 그러나 이러한 모색에 대해 제기할 수 있는 의문은 자본주의라는 세계사적 보편성을 유교라는 동아시아적 특수성과 접합시키는 것을 통해서 과연 무엇을 할 수 있는가이다. 유교자본주의 개념은 자본주의라는 세계사적 보편에 동아시아가 성공적으로 편입한 현실을 설명하는 자본주의 하위 범주일 뿐, 자본주의 자체를 문제 삼거나 그에 대한 대안을 제시하는 문제틀은 되지 못한다. 유교자본주의나 아시아적 가치가 비서구인 동아시아가 어떻게 해서 자본주의화에 성공했는지를 설명하고 그 성공을 합리화하는 도구적 개념인 한에서, 이는 '반서구적 서구 중심주의'라는 비판을 면할 수 없다.

유교자본주의나 아시아적 가치는 1990년대 이르러 현실사회주의가 몰락하고 자본주의 근대화가 역사의 종착지로 인식되는 상황에서 각광을 받았다. 밖으로는 서구 발전론자들로부터

'동아시아 기적'이라는 찬탄을 받고, 안으로는 한국이 선진국으로 도약될 수 있다는 자신감으로 흥분했을 때 한국의 지식인들은 제국주의적 혐의를 가진 이전의 동아시아 담론을 우리 식대로 전유하려는 노력을 전개했다.

이 같은 맥락에서 박명규는 지식사회학적인 방법론에 의거해서 동아시아 담론의 재등장을 다음과 같이 설명했다.

"유교자본주의론은 90년대 한국인의 집단적 자부심을 반영하는 담론이었다. 세계체제론이나 기러기 모델론이 각기 미국과 일본의 역할을 결과적으로 강조하게 되는 부담이 있는 데 비해 유교자본주의론은 한국사회의 전통에서 성공의 요소를 찾아낼 수 있었기 때문이다. 또한 그것은 지금까지 지적 정당성을 부여받지 못했던 한국의 현대사를 냉전적 논리나 정치적 수사 없이 옹호할 수 있는 논리이기도 했다. 유교자본주의론은 90년대 중반 한국 경제의 성장과 정치적 민주화로 인해 조성된 분위기를 제대로 설명하는 지식체계가 부재한 틈새에서 더욱 사회적 관심을 끌 수 있었던 것이다."[16]

이와 같은 자본주의적 동아시아 담론에 대항해서 《창작과 비평》의 논객들은 동아시아 담론의 목표를 자본주의적 근대를 지양하는 것으로 설정했다. 그 논객들 가운데 한 사람인 백영서는 해방과 억압이라는 근대성 일반의 문제가 동아시아라는 지역적 특수성의 맥락 속에서 어떻게 이중적으로 굴절되어 나타났는지를 밝혀야 한다는 문제의식으로 동아시아 담론의 장을 펼치고자 했다.[17] 동아시아 근대화의 역사적 비극은 근대화를 위하여 국민국가 권력이 나타난 것이 아니라 국민국가 권력을 강화하기 위해 근대화가 추진되었다는 사실에서 비롯했다. 시민혁명을 통해서가 아니라 '위로부터의 혁명'을 통해서 이룩된 일본의 국민국가는 결국 그 권력을 밖으로 확장하기 위해 제국주의로 나아갔고, 그 전략이 동아시아 담론이었다는 것이다.

이 논리에 따르면, 근대화 과정에서 일어났던 동아시아 문제의 발원지는 국민국가다. 그리하여 백 교수는 지금 우리의 국민국가 밖에서 거주하고 있는 우리 동포들을 매개로 초국가적 '한민족공동체'를 구성한 다음 궁극적으로 복합국가의 건설로 나아감으로써 국민국가를 극복할 수 있다는 제안을 했다.

하지만 과연 이러한 제안이 실현 가능한 것일 수 있을까? 일본의 극우적 국가주의가 다시 대두하고 중국의 중화 중심주의가 부활하는 현실에서, 이러한 한민족 네트워크 구축은 동아시아를 다시 헤게모니 투쟁의 장소로 만드는 것을 방지하는 대비책으로 여겨질 수 있다. 하지만 이러한 구상은 국민국가라는 현재적 삶과 동아시아 복합국가라는 미래의 꿈, 그리고 근대에 적응해야 하는 현실과 근대를 극복하고자 하는 이상 사이에 놓여 있는 커다란 간격만큼이나 넘기 어려운 문제들을 동반한다.

현실적으로 우리는 동아시아를 통해서 무엇을 할 수 있는가? 이 문제에 대한 대답을 구하기 위해서는 먼저 동아시아를 현실 문제를 보는 시각 내지는 방법으로서 뿐만 아니라 미래의 비전을 담지하는 프로젝트로서 인지해야 한다는 점이다. 근대 이전의 동아시아가 한·중·일 삼국이 공유했던 역사세계였다면, 근대로의 이행기에서 동아시아는 서구적 근대에 편입되어야 함과 동시에 그것과 대항할 수 있는 지역 공동체로서 상상되었다. 다시 말해 동아시아는 독일의 역사가 코젤렉 R.Koselleck의 용어대로 역사적 '경험공간'과 미래의 '기대지평'이 융합된 개념이다.

이런 동아시아 개념을 형성하는 기본 코느는 문화나. 동아시아를 한자 문화권으로 이해하든지 아니면 유교 또는 도교 공동체로 보든 간에 동아시아 담론을 통해 전통 문화에 현재적 의미를 부여하는 시도를 하는 목적은, 서구적 '문화의 세계화'에 대한 대항 이념을 모색하기 위해서이다. 그동안 전통 문화가 근대라는 담론이 선험적으로 설정한 기준에 따라 의미를 박탈당했다면, 탈근대의 문제틀은 이러한 근대의 선험적 전제들을 해체함으로써 전통과 근대의 새로운 접합 내지는 가로지르기를 할 수 있는 길을 제시한다. 이 같은 맥락에서 일각에서는 동아시아적 전통 문화의 부활을 통해 '인간의 얼굴을 한' 자본주의와 근대를 꿈꾸는 사람들도 생겨났다.

하지만 이와 같은 동아시아란 실체가 없는 허상일 뿐이다. 그러한 허상에 기대어 탈민족주의적인 역사 공동체의 이상뿐만 아니라 자본주의적 근대를 지양할 수 있는 새로운 비전을 모색한다는 것은 고상한 꿈에 불과하다. 현실에 발 딛지 않는 동아시아 담론은 이상이 아닌 우상이 될 소지가 있다.

일반적으로 동아시아에 대한 논의는 정치, 경제 그리고 문화가 각각 분리된 각개약진의 형태로 이뤄진다. 각 분야의 동아시아 논자들은 자기 분야를 성城처럼 지키면서 동아시아 담론 개발에 전념하기 때문에 '동아시아학'이라 일컬어질만 한 독자적인 학문 분과의 성립은 아직까지 요원하다.

'론'만이 백가쟁명 식으로 범람하는 현 단계에서 '동아시아학'의 정립을 위해서 가장 시급한 과제는 '동아시아적인 것'이란 무엇인지에 대한 역사적 해명이며, 그 다음으로 여러 학문 분야를 가로지를 수 있는 담론의 장을 마련하는 일이다. 현실 추수적인 학문적 욕구를 채우기 위해 조잡하게 구성한 동아시아 담론은 눈앞의 현실을 그럴싸하게 설명하는 듯 보이지만, 시간이 조금만 지나면 공론이었음이 드러난다.

우리 지성계에서 펼쳐지는 동아시아 담론의 지형도를 살펴 볼 때, 일차적으로 결핍된 것이 역사학적 성찰이다. 동아시아 담론의 장에 소수의 역사학자들만이 참여하고 있는 현실은 오늘날 역사학의 위기가 어디서부터 비롯했는지를 깨닫게 한다. 현실의 문제는 하루아침에 형성된 것이 아니다. 역사적으로 형성된 문제를 풀기 위해서는 역사적인 접근이 필요하다. 어제의 동아시아 문제도 해결되지 않은 상태에서 내일의 동아시아에 대해 전망하는 것은 무의미하다.

● ● ●
무엇을 위한 '동아시아학'인가?

어떤 개념이 현실에 미치는 효과는 이중적일 수 있다. 약도 처방과 쓰임새에 따라 특효약이거나 독약이 될 수 있는 것처럼, 어느 한 개념의 현실효과는 정해진 것이 아니라 상황에 따라 다르다. 동아시아 담론에는 제국 일본의 역사적 부담이 각인되어 있다. 그 역사적 부담을 벗어던지지 못할 때 오늘의 동아시아 담론의 현실 효과는 부정적일 수밖에 없다. 되풀이되는 것처럼 보이지만, 주체의 역량과 노력에 따라 얼마든지 바뀔 수 있는 것이 역사다. 우리가 동아시아 담론을 어떻게 전유하느냐에 따라 그것은 청산해야 할 과거가 아니라 만들어야 할 미래가 된다. 그런데 이런 식으로 동아시아를 화두로 삼으려면 과거의 동아시아 담론이 어떻게 해서 잘못된 길로 들어 섰는지에 대한 역사적 반성이 선행돼야 한다.

20세기 초 일본에 의해 전유된 동아시아 담론의 최대 피해자인 한국인들이 20세기 말에 이르러 한·중·일 삼국 가운데 가장 적극적으로 동아시아 담론의 효용을 역설하는 것은 역사의 아이러니다. 적어도 두 가지 상황이 한국에서의 동아시아 담론의 귀환을 부추겼다.

첫째, 냉전시대에서 세계를 보는 시좌視座의 역할을 했던 이데올로기가 종말을 고한 탈냉전 상황이 도래했다는 것이다. 이데올로기적 굴레에서 벗어나 상대적으로 자유로운 사고를 할 수 있게 된 한국의 지식인들은 한국 현대사에서 오랫동안 잊혀져 있었던 동아시아라는 역사 공간에 대한 관심을 회복했다. 19세기까지 한국사 역사의 장기지속적 구조를 형성했던 동아시아라는 시공간을 재인식했다.

둘째, 근대의 기획이 파산했음을 선언하는 탈근대주의의 대두는 우리에게 동아시아라는 지정문화적geocultural 정체성을 되찾게 해주었다. 아시아적 가치나 유교자본주의와 같은 개념이 나타날 수 있는 전제는 탈전통을 주장했던 근대화라는 거대 담론의 해체다. 이로써 동아시아는 세계체제상의 위치를 가리키는 단순한 지정학적geopolitical 개념이 아니라 서구와는 다른 하나의 독자적인 '문명권'을 가리키는 말로 역사적 위상을 회복했다.

이 두 가지 요인을 염두에 두고 우리는 동아시아라는 지정문화적인 정체성의 회복을 통해 무엇을 할 수 있는지에 대해 본격적으로 고찰할 필요가 있다. 동아시아 담론의 용법은 크게 두 가지다. 첫째는 우리의 지정문화적 정체성을 형성시켰던 역사세계로서 동아시아이고, 둘째는 방법 또는 지적 실험으로서 동아시아다.[18] 물론 역사 세계로서 동아시아와 지적 실험으로서 동아시아가 서로 연관되어 있는 것은 틀림없다. 둘의 관계는 과거와 현재 그리고 현실과 이상 사이의 관계처럼 연속과 불연속 그리고 조화와 갈등의 양면성을 변증법적으로 견지한다.

과거의 동아시아 담론이 제국주의적 이해관계로부터 형성되었다고 해서 현재의 동아시아 담론이 그 과거에 얽매여 미래지향적인 지적 실험을 포기할 필요는 없다. 동아시아는 원래부터 제국주의적 '기원'을 갖고 성립한 것이 아니라 제국주의적 '출발점'을 가졌을 뿐이다. 기원으로부터의 해방은 불가능하지만 출발점은 얼마든지 바꿀 수 있다. 그런데 오늘의 동아시아가 새 출발을 결심한다면, 그 전제는 역사적 반성이다. 과거를 기억하지 못하는 자는 역사의 과오를 반복하기 때문이다.

동아시아의 새 출발을 목표로 하는 '동아시아학'은 다음 4가지 과제를 갖는다. 첫째, 세계화시대에서 '동아시아의 귀환'

이 일어났던 이유와 그 의미에 대한 역사적 해명이 필요하다. 동아시아 담론의 부활은 탈근대적 세계화와 더불어 일어났다는 점이 중요하다. 유교 자본주의와 아시아적 가치가 그 대표적인 동아시아 담론에 속한다. 동아시아 담론은 탈전통을 주장했던 근대화라는 거대 담론이 해체되고 그 공백을 세계화가 채우는 과정에서 유령처럼 나타났다. 유교 자본주의와 아시아적 가치가 서구의 보편적 근대의 주변부에서 실현된 '지역적' 근대성으로 인정받는 것을 목표로 한다면, 이는 세계화를 거부하기보다는 적응하거나 편승하려는 의미를 가질 뿐이다. 따라서 우리가 선진적인 위치를 점하기 위한 방편으로 동아시아 담론을 재생산하고 유포시키는 '동아시아학'이란 일본 제국주의의 역사적 과오를 다시 반복하는 꼴이 된다.

둘째, 근대로의 이행기에 서구 문화에 대한 대안으로 추구된 동양적 이상을 탈근대의 맥락에서 되살릴 수 있는 동아시아 담론을 개발해야 한다. 식민지를 통한 지배 방식이 더 이상 불가능해진 탈식민주의 상황에서 세계화 전략은 문화를 코드로 해서 펼쳐진다. '문화의 세계화'는 신자유주의 경제 법칙과 시장의 논리를 전 세계에 강제하는 '경제의 세계화'의 상부 구조로서 작동한다기보다는, 오히려 그것 이외에 다른 대안이 없다는 의식을 각인시킨다는 방식으로 그 토대를 형성한다.

문화란 삶의 문법이자 나침반이다. 문화는 우리가 누구인지의 정체성을 형성하는 인자일 뿐만 아니라 어떻게 하면 의미 있는 삶을 영위할 수 있는지에 대한 사회적 행동지침을 제공한다. 사람들은 이해관계에 따라 행동하지만 이해관계의 코드를 결정하는 것은 문화다. 문화의 헤게모니를 잡은 자들이 세상을 지배하는 현실에서 '문화의 세계화'는 바로 우리 시대의 제국주의다

 문화적 제국주의로 관철되는 세계화에 대항하는 논리가 유교 자본주의일 수는 없다. 우리는 공자를 자본주의 체제에 훌륭하게 동참할 수 있게 해 준 은인으로서가 아니라, 그러한 비인륜적인 체제로부터 벗어날 수 있는 방도를 가르쳐 줄 수 있는 스승으로 되살려야 한다. 동아시아를 통해서 하나의 탈서구적 또는 반서구적 경제 협력체를 모색하기에 앞서 우리가 던져야 할 질문은 그것을 통해서 우리가 어떤 인간적 공동체를 만들어낼 수 있는가이다. '동아시아학'의 과제는 유교적 인문주의를 바탕으로 한 인륜적 공동체가 이 시대에 어떻게 가능할 수 있는지를 궁구해보는 것이 되어야 한다.

 '동아시아학'의 세 번째 지향점은 전통주의와 근대주의의 대립을 넘어선 '성찰적 근대화'여야 한다. 전통으로서 유교는 죽은 화석이 아니라 지금의 우리를 형성하는 '문화적 유전자'다. 우리의 의식구조를 형성하는 가장 중요한 인자가 유교 전통이다. 전통은 우리의 집합적 기억을 조직하는 매개체이기

때문에 우리의 정체성은 전통을 통해 형성된다. 전통을 무시했던 것이 근대의 오류다. 전통이란 타파해야 할 잔재가 아니라 시간의 시금석을 통해서 그 가치가 검증된 우리 삶의 의미의 총체다. 앤소니 기든스A. Giddens의 말대로, "전통의 '완전무결성'은 여러 세대에 걸쳐 지속된다는 단순한 사실로부터가 아니라 현재를 과거에 얽어매는 끈을 확인하기 위해 수행되는 끊임없는 해석 '작업'으로부터 도출된다."[19]

임형택은 박지원 소설 속의 인물인 허생을 유교적 전통을 '탈근대적으로' 구현한 독서인士으로 해석했다. 유생 허생은 자본주의 정신을 이해하고 전유할 능력이 있었지만 자본가가 되지는 않았다. 허생은 "사업가로서 대성공을 거두고 자본을 자본으로 경영하여 확대 재생산을 도모하는 것이 아니라, 사업을 해서 얻은 막대한 자본을 절반은 바다에 던지고 나머지 절반을 가지고 빈민 구제로 흩은 다음, 나머지 10만금으로 대출 자금을 이자를 후히 쳐서 상환하였다. 그리고 나서 허생은 독서인으로 원위치한다."[20] 이러한 허생의 태도를 가리켜 실시구시를 주창했던 실학자의 한계를 보여주는 전형적인 예로 보기도 한다. 하지만 나는 허생을 '성찰적 근대인'의 모범으로 보고자 한다. 그는 금욕적인 개신교 윤리로부터 나온 자본주의 정신이 결국은 인간을 비인간화하고 물신주의에 빠지게 한다는 점을 통찰했다.

이승환의 말대로, "우리에게 필요한 것은 철저한 자기비판을 거쳐 살아남은 전통, 근대성의 폐단을 극복하기 위해 절실하게 요청되는 대안적 사고로서의 전통, 바람직한 삶을 위해 인류에게 보편적인 가치규범이 되어줄 전통이다. ……이런 점에서 '새로운 진보'로서의 유교 정신은 비록 과거 어느 시점에서도 실현된 적이 없지만, 미래 사회에서는 반드시 성취되어야만 할 이상인 것이다."[21]

마지막 네 번째 '동아시아학'의 가장 긴급한 과제는 '주어진 동아시아'에 대한 역사적 해명을 토대로 해서 '만드는 동아시아'가 무엇인지에 대해 국민국가의 틀을 넘어선 인식의 공유를 성취해내는 것이다. 1990년대 한국에서 동아시아론의 대두는 1945년 이후 한국 현대사에서 망각된 역사 공간의 재인식이라는 점에서 의미가 있을 뿐 아니라, 일본 제국에 의해 각인된 동아시아 담론을 우리의 문제의식으로 해체하여 재구성했다는 점이 중요하다. '우물 안 개구리'처럼 민족과 국가에 매몰되어 있거나 또는 미국에 의해 강요된 시선이 아니라 주체적인 관점으로 국제 관계를 바라보고자 할 때 제일 먼저 다가오는 시공간이 동아시아다.

과거의 동아시아가 제국(주의)적 욕망으로 더럽혀진 개념이라면 이제는 미래의 희망을 여는 담론이어야 한다는 인식이 한·중·일 지식인들 사이에서 공유되기 시작했다. 이러한 인식이 평화와 공동 번영을 보장하는 지역질서로서 동아시아에 대한 구상으로 발전하고 있다.[22] 종래의 동아시아는 서구 특히 미국의 세계전략 속에서 하나의 지역으로 위치지워짐으로써 '동아시아 연구East Asian Studies'의 대상이었다. 따라서 지역질서로서 동아시아란 이런 미국의 시선과 이해관계에 따라 정의된 동아시아 지역에서 탈피하여 그 자체의 지정문화적 그리고 역사적 정체성을 회복하는 것이다.

이전의 '동아시아 연구'가 서구 중심주의 인식 틀에 따라 수행되었다면, 지역질서로서의 동아시아란 위에서 '동아시아학'의 과제로 설정한 이상들을 실현시킬 수 있는 토대가 된다. 일본 제국주의로 각인된 동아시아 개념을 평화와 공동 번영을 위한 동아시아 지역질서로 탈바꿈시켜야 한다는 것이 지난 15년동안 동아시아 담론으로 수행한 지적 실험이 도달한 중간 결론이 아닐까 생각한다. 다음 장에서는 이러한 지역질서로서 동아시아의 가능성과 불가능성을 논의해보고자 한다.

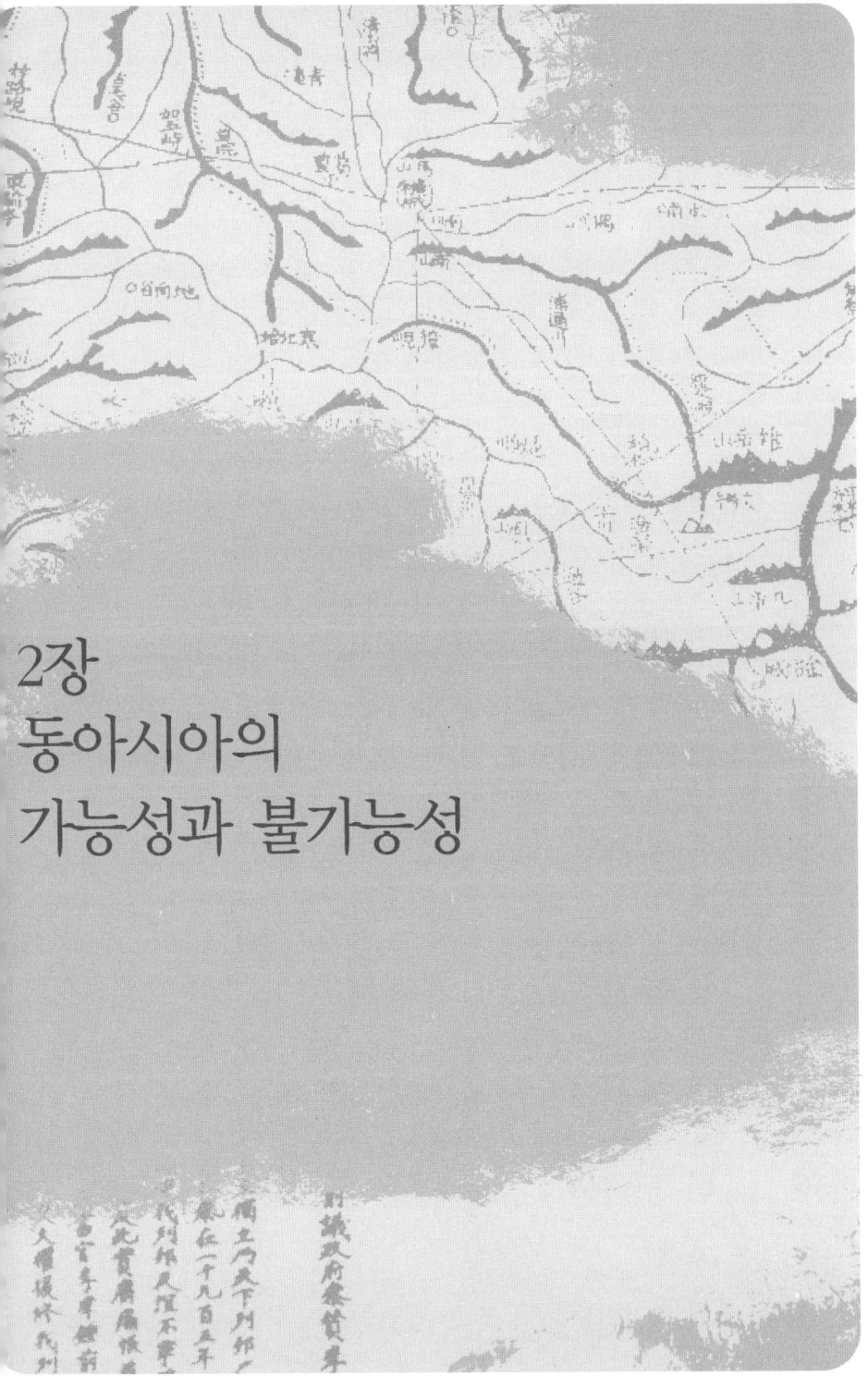

2장
동아시아의 가능성과 불가능성

'상상의 공동체'로서 동아시아

정체성이란 개인이나 집단의 자기인식이다. 인간은 타자와 구별되는 나 또는 우리가 누구인가에 대한 자의식을 갖는다. 이러한 자의식은 선험적으로 존재하는 것이 아니라 각 시기와 상황에서 결정되는 타자와의 관계 속에서 형성되고 시간의 흐름 속에서 변화한다. 정체성은 고정불변한 실체가 아니라 타자를 거울로 해서 개별성과 고유성의 이미지로 만들어지는 자의식이다.

이러한 자의식이 개인이 아니라 집단의 차원으로 확대될 때 정체성 형성에서 상상의 이미지가 차지하는 몫은 커진다. 집단적 정체성은 지금 우리가 우리라고 생각하는 것을 넘어서 앞으로 우리가 되기를 희망하는 것까지를 포함한다. 만약 현재 그것이 불완전한 형태로 존재한다면 상상으로 고안해내는 것이 정체성이다. 상상의 이미지로서 정체성은 현실의 반영이면서 욕망의 투영이고 또 당위의 설정을 통해 창출된다.

그렇다면 오늘날 동아시아 정체성은 어떤 현실의 반영이고, 욕망의 투영이며 당위를 내포하는가? 한국에서 동아시아라는 말이 유령처럼 떠돈 지 10년 이상이 됐지만, 여전히 그것은 구체적인 현실이 아닌 추상적인 담론 수준에 머물러 있다. 하지만 어쩌면 현실과 당위 사이의 이러한 불일치와 괴리가 동아시아 담론을 계속해서 생명력 있게 만드는 요인인지도 모른다.

오늘날 21세기를 위한 역사적 선택으로 다시 동아시아를 말하는 이유는 무엇인가? 세계화와 국민국가 사이에 처해 있는 현실의 딜레마가 동아시아를 다시 하나의 화두로 떠오르게 하는 것은 아닐까? 세계화가 우리에게 국민국가의 경계를 넘어서 사고하고 행동할 것을 요구한다면, 동아시아란 이러한 세계화의 도전에 대한 신지역주의적 응전이라고 말할 수 있다.[23]

그런데 탈근대에서 동아시아가 세계화의 도전에 대한 응전으로 재인식되기 위해서는 동아시아가 서구 제국주의에 대한 일본 제국주의의 도전의 맥락에서 탄생했던 역사를 먼저 반성해야 한다. 후자의 동아시아는 2차 세계대전에서 일제의 패망과 함께 실패한 기획으로 끝났다. 20세기의 이러한 실패를 거울 삼아 21세기에서 세계화와 국민국가 사이를 잇는 교량적인 지역으로서 동아시아에 대한 정체성 형성이 과연 가능할까? 세계화의 원심력과 국민국가의 구심력의 균형을 잡고 조정할 수 있는 동아시아 지역질서의 수립이 과제가 된다.

최근 과거의 경험, 현재의 필요 그리고 미래의 당위가 함께 어우러져서 동아시아 또는 동북아시아 지역의 정체성을 만들어내고자 하는 움직임이 한·중·일 지식인들과 정치가들 사이에서 유행처럼 번지고 있다. 동아시아 정체성이 하나의 담론 수준 이상으로 나아가지 못하는 것은 이미 주어져 있는 동아시아와 앞으로 만들고자 하는 동아시아 사이의 괴리를 해소할 방안이 부재한다는 데 일차적인 원인이 있다. 이른바 사상 또는 실천과제로서 '만드는 동아시아' 기획의 성취를 위해서는 먼저 문제로서 '주어진 동아시아'에 대한 역사적 성찰을 철저히 해야 한다.[24]

'주어진 동아시아'란 본래의 동아시아가 아니라 유럽인이 만들어낸 아시아상像을 일본인이 수용해 자신의 것으로 전유 專有(appropriation)한 개념이다. 또 일본이 만든 동아시아 개념 역시 서양 그 자체를 대립 상대로 해서 만든 것이 아니라 자기가 설정한 '서구의 상'을 대립물로 해서 창출한 이미지다.[25] 그렇기 때문에 개념으로서 동아시아는 실재하는 지역을 지칭하는 명칭이 아니라 서구적 근대와의 대면 속에서 각성했던 자기 정체성을 찾기 위한 화두와 같은 것이다.

화두란 불가능한 물음 속에서 가능한 대답을 찾기 위한 지난至難 한 사유과정이다. 20세기 서구적 근대와의 대면 속에서 '우리는 누구인가'의 화두가 동아시아였다면, 21세기 탈근대에서 그 화두는 동아시아 공동체로 재등장하고 있다. 탈제국(주의)적 동아시아 지역질서를 구현할 수 있는 공동체를 어떻게 형성할 수 있는가? 이 문제를 탐구해보고자 한다.

서구적 근대에 대한 대항주체로서 '동양'

동아시아란 분명 존재하는 하나의 지역이지만, 그것은 고정된 실체가 아니라 그 지역을 구성하는 주체에 따라 달리 정의되는 상상의 공동체이다. 동아시아라는 지역적 정체성은 언제나 세계관 또는 이데올로기의 표상으로 나타난다. 동아시아라는 공간을 범주화하는 담론의 배후에는 언제나 정치적이며 지적인 지배의 의지가 내재해 있기 때문에 이데올로기적 혐의에서 벗어나기 힘들다. 동아시아는 이미 서구와 일본이라는 아시아 외부와 내부의 주체들에 의해 구획된 전력이 있기 때문에, 그것을 말할 때는 언제나 역사적 부담을 느껴야 한다.

동아시아에 대한 공간 규정을 할 때 일차적으로 고려해야 할 사항은 누구의 시선으로 그것을 보느냐이다. 동아시아는 애초부터 오리엔탈리즘이라는 원죄를 갖고 태어난 심상지리이다.[26] 아시아라는 지역적 정체성이 서구라는 외적 타자의 시선에 의해 규정됐다면, 동아시아는 일본이라는 내적 타자에 의한 '권력 의지'로부터 형성됐다.

유럽인들에 대한 아시아의 인식은 동경과 경멸의 이중적 시선이었다. 유럽은 역사적으로 근원적인 타자로서 오리엔트라는 거울에 비춤으로써 자기정체성의 이미지를 만들어냈다. 유럽은 자기 문명의 시원의 장소로서 오리엔트를 상정했으며, 또 계몽의 전단계로서 그 스스로가 책임이 있는 미성숙 상태에 대한 자기부정의 대상으로서 오리엔트를 발명했다.[27]

아시아인에 의한 아시아의 정체성에 대한 고민은 중화질서가 해체되는 근대에 이르러 시작됐다. '즉자적' 아시아가 아니라 '대자적' 아시아는 헤겔 변증법에서처럼 자기소외의 과정을 동반했다. 이러한 자기소외는 '동양'이라는 말이 의미 전화를 이루는 과정으로 나타났다. 아시아인에 의한 아시아에 대한 정의가 '동양'이라는 말을 성립시켰다. '동양'은 원래 중국의 동쪽인 일본을 가리키는 중국어였다고 한다.[28] 이 말을 일본인이 자국의 경계를 넘어서 자신의 지역적 정체성을 가리키는 말로 전유함으로써 서구가 아닌 일본에 의한 동아시아의 대상화는 시작됐다.

아시아가 '동양'으로 이름을 바꾸는 동시에 아시아의 표상으로서 중국은 '지나'로 호명됐다. 이러한 '동양'이란 말의 일본식 전유의 배후에는 일본이 아시아를 '동양'으로 경영해야 할 역사적 사명을 갖는다는 오리엔탈리즘적 발상이 있었다. 후쿠자와 유키치福澤諭吉가 1885년에 발표한 탈아입구론脫亞入歐論은 이러한 일본식 오리엔탈리즘Japan's orientalism의 전형이었다. 이에 따르면, 아시아란 스스로를 자각하지 못하고 서구와 일본이라는 타자에 의해 대상화됨으로써 존재하는 '즉자적인 아시아'였다. '동양'에서 벗어난 일본만이 서양의 침탈에 대항해서 아시아를 지켜낼 수 있는 유일한 주체라는 것이다. 일본은 서구를 대신해서 아시아를 대상화하는 주체가 됨으로써, 지리적으로는 '동양' 안에 있지만 문명적으로는 '동양' 밖에서 '동양'의 근대화를 지도하는 예외적인 존재임을 주장했다.

일본식 오리엔탈리즘은 러일전쟁에서의 승리 후 아시아주의로 발전했다. 탈아입구론이 일본과 동양의 분리를 전제로 해서 주장되었다면, 오카쿠라 텐신岡倉天心은 "아시아는 하나"라는 기치로 서양 문명과 대립적인 '동양의 이상'에 토대를 둔 아시아주의를 주창했다. "아시아의 사상과 문화를 의탁할 진정한 저장고"로서 일본의 주도 아래 아시아가 하나 됨으로써, 동서 문명을 화합시킬 제3의 신문명을 탄생시켜야 한다는 것이다.[29]

일본은 만주사변과 중일전쟁을 계기로 서구 자본주의, 소비에트 공산주의와 대결한다는 명분을 세우고 일본(본토)과 조선을 중심으로 만주, 지나를 전략적으로 포괄하는 '동아연맹'과 '동아협동체'를 구상했다. 이러한 구상으로부터 동아시아 차원에서 개별 민족을 초월한 '게마인샤프트적인 문화'를 정립할 수 있는 가능성을 봉건성을 제거한 동양적 휴머니즘에서 찾는 아시아주의가 나타났다. 하지만 이는 일본 제국주의가 서구 제국주의와 전쟁에 대항해서 아시아를 수호해야 한다는 이데올로기로 작동했을 뿐이다. 결국 이러한 일본 중심의 아시아주의는 태평양전쟁에서 일본의 패망과 함께 몰락했다.

일본에 의해 고안된 아시아주의 또는 동아시아 담론의 특징은 한마디로 아시아에서는 예외적으로 자생적인 근대화를 이룩한 일본이 아시아를 대표하여 서구에 대항한다는 일본식 오리엔탈리즘이다. 이로부터 동아시아 담론의 오리엔탈리즘적 기원을 말하는 것은 '기원의 망상'이다. 일본 이외 지역에서의 동양 담론은 오리엔탈리즘으로 환원될 수 없는 동아시아 담론의 계보를 보여준다.

일본과 중국 그리고 한국을 포괄하는 동아시아 담론의 계보는 한마디로 서구적 근대에 대한 대항주체를 설정하기 위한 '방법' 또는 '사상의 과제'로 특징지울 수 있다. 아시아인 스스로가 아시아인이라는 자의식을 갖는 것은 근대 이후의 일이다. 동아시아 내지는 동양이라는 정체성 의식은 두 가지 역사적 조건 속에서 생겨났다. 하나는 전근대에 제국을 형성했던 중화질서의 해체이고, 다른 하나는 타자로서 서구와 러시아에 대응할 수 있는 대항 공동체 형성의 필요성이다.

동양은 처음에는 일본에 의해 자발적으로 서구적 근대로의 진입을 성취할 능력이 결여된 지역으로 규정된 '즉자적인' 동아시아였다. 이 단계에서 동양은 일본의 타자였다. 하지만 일본이 러시아, 서구 제국주의 세력과 갈등을 빚으면서 그들을 타자로 인식하고 서구적 근대에 대한 대항주체로서 동아시아를 설정하는 아시아주의를 주창했다. 아시아주의를 통해 일본은 그 자신을 아시아로 정체 지움으로써 '대자적인' 동아시아로서 동양을 재발견했다.

서구에서 민족이 민족주의를 형성한 것이 아니라 민족주의가 민족을 만들어냈던 것처럼, 동양의 발견은 서방 패도에 대항할 것을 호소하는 아시아주의를 통해 이루어졌다. 즉자적 계급존재가 계급의식을 가짐으로써 계급을 형성하듯이, 중국과 일본 그리고 한국의 지식인들은 동양이라는 서구적 근대에 대항할 수 있는 주체에 대한 고뇌로부터 동양적 정체성을 의식화했다.

봉건적 질서를 형성했던 제국으로서 중국이 해체된 공백을 채우기 위한 대안적인 지역 정체성으로 동아시아에 대한 사유가 시작되었다. 서구라는 타자에 대항할 수 있는 공동의 주체에 대한 열망은 다케우치 요시미竹內好의 말대로 동아시아를 '실체'가 아니라 하나의 '방법'으로 추구하게 만들었다.[30] 하지만 일본과 중국 그리고 조선은 각국의 이해관계와 입장에 따라 서로 다른 동아시아를 호명함으로써, 동아시아는 연대와 평화를 실현하는 무대가 아닌 헤게모니 싸움의 장소가 되었다.

정체성은 언제나 타자와의 관계 속에서 성립한다. '너'와 '나'는 '그들'이 나타날 때, '우리'가 된다. 동아시아라는 '우리'는 서구라는 '그들'에 대한 자의식으로부터 성립했다. 하지만 문제는 '나'와 '너'를 어떤 식으로 포괄해서 '우리'를 형성할 것인가이다. 이 문제에 직면할 때 필연적으로 나타나는 것이 권력투쟁이다. 누군가에 의해 동아시아 패권이 장악될 때, '우리' 안의 타자가 생겨난다. 힘의 위계질서에 따라 우리 공동체가 형성될 수밖에 없는 상황 속에서, 조선과 중국 그리고 일본의 지식인들과 정치가들은 자국의 생존과 번영을 목표로 해서 동아시아를 수단으로 이용하고자 했다. 이 같은 맥락에서 동아시아는 결국 오월동주吳越同舟의 상태로 존립할 수밖에 없었다.

일본과 마찬가지로 중국과 조선에서 본격적으로 아시아주의가 관심의 대상으로 떠오른 것은 조공체제가 해체되는 청일전쟁 이후다. 서구 열강의 침략 속에 중국은 일본의 역할을 기대하면서도 일본의 패권주의를 경계했다. 러일전쟁에서의 승리로 일본의 지배력이 커지면서 중국인들의 아시아주의에 대한 이중 감정은 증폭됐다. 하지만 아시아의 맹주로서 일본의 위치가 점점 분명해지는 상황에서 일본이 내건 아시아주의가 서구 제국주의 침략에 대항할 수 있는 현실적인 대안임을 인정하지 않을 수 없었다.

쑨원孫文은 1914년 일본에서 행한 대아시아주의에 대한 연설에서 중국과 일본이 손잡고 서양의 '패도문화'에 대항해서 동양의 '왕도문화'를 지킬 것을 주장했다.[31] 하지만 이러한 쑨원의 대아시아주의는 이미 식민지화된 조선과 같은 약소 아시아 민족의 문제는 등한시하는 중화주의 발상에서 비롯한 것이었다.

중국의 아시아주의가 기본적으로 중화주의 전통에서 벗어나지 못하고, 일본의 아시아주의가 오리엔탈리즘의 변형으로 나타났다면, 한국의 동양주의는 이 둘을 지양할 수 있는 대안을 모색하는 것이 과제였다. 청일전쟁에서 일본이 승리함으로써 중화질서에서 벗어나 독립 국가로서의 지위를 획득한 조선은, 먼저 새로운 강자로 부상한 일본과의 관계를 어떻게 설정할 것인가의 문제를 갖고 아시아적 정체성에 대한 고민을 해야 했다.

당시 조선으로서는 두 가지 선택이 있었다. 하나는 일본을 타자로 하는 민족적 정체성을 확립하는 것이고, 다른 하나는 같은 황인종인 일본 대신에 서구의 백인종을 타자로 해 한·청·일이 대등한 위치에서 아시아적 연대를 모색하는 것이었다. 전자의 민족주의 길을 주장했던 신채호는 동양주의란 동양을 주인으로 생각하고 국가를 손님으로 만들어서 나라의 흥망은 도외시하고 오직 동양만을 지키고자 하는 우매한 주장이라고 비판했다. 그는 한민족韓民族이 망하고 난 다음 이 국토가 황인종에게 귀속된다는 것이 무슨 의미가 있는지를 물었다.

역사란 기본적으로 민족을 단위로 한 "아와 비아의 투쟁"으로 전개된다고 보았던 그는, 우리 운명은 황인종과 백인종 사이의 문명의 충돌이 아니라 민족 간의 갈등으로 결정된다고 역설했다. 그는 동양주의를 외치는 자는 진실로 동양을 위해서가 아니라 단지 이 주의를 수단으로 해서 국가를 구하는 자가 되어야 한다고 말했다.[32]

동시대에 이러한 동양주의를 몸으로 실천한 애국자가 안중근이었다. 그는 한반도 운명은 궁극적으로 세계가 동서로 나뉘어 황인종과 백인종이 서로 투쟁을 벌이는 국제정치의 현실 속에서 결정될 것이라고 믿었다. 그뿐만 아니라 그는 인종 간에 문명의 충돌을 벌이는 국제정세 속에서 동양적 연대만이 한국은 물론 동아시아 전체의 살 길이라고 생각했다. 그는 39도선 이북으로 한반도 분할을 요구한 러시아를 물리친 일본에 열광했으나 이토 히로부미가 을사조약을 체결하여 침략하자

그를 동양 평화를 해치는 적이라는 이유로 저격함으로써 동양주의에 대한 그의 신념을 실천에 옮겼다.[33]

조선이 일제 식민지가 됨으로써 결국 위의 두 대안은 물거품이 되었다. 일반적인 역사적 평가는 신채호의 민족주의가 옳다고 내려진다. 결국 아시아적 연대란 이념적 유토피아에 불과한 것인가? 그렇다면 20세기에 아시아주의가 실패한 기획으로 끝났음에도, 21세기에 다시 동아시아 공동체 또는 '동북아시아 공동의 집'이라는 신지역주의를 부활시키고자 하는 이유는 무엇인가? 이 물음에 대한 답을 위해서는 먼저 20세기에 아시아주의가 실패할 수밖에 없었던 요인에 대한 철저한 분석이 필요하다.

아시아주의의 불가능성은 크게 두 가지 요인에서 비롯한다고 생각된다. 첫째는 동아시아를 목적이 아닌 수단으로 사용하는 패권주의다. 그렇다면 왜 동아시아는 헤게모니 쟁탈전의 무대가 되었는가? 그 본질적인 요인은 근대가 국민국가의 시대였다는 점이다. 봉건적인 중화질서로 묶였던 제국이 국민국가 단위로 분할되는 근대의 현실에서 다시 동아시아라는 초국가적 지역 공동체를 꿈꾸는 '탈근대적' 이상은 실패할 수밖에 없었다. 국민국가 형성을 역사의 목표로 설정하는 근대에서 국민국가를 넘어서려는 근대초극적 지향을 했던 20세기 동아시아 기획은 '비동시적인 것의 동시성'의 모순 때문에 좌절됐다.

두 번째로 일본에 의해 추진된 아시아주의가 실질적으로 몰락하는 직접적인 계기는 태평양전쟁에서 서구에게 패배했다는 데 있었다. 동서양 문명의 충돌에서 동양이 패함으로써 동아시아 지역은 서양의 의도대로 재편성될 수밖에 없었다. 2차 세계대전 이후 미국과 소련이 성립시킨 냉전질서에서 동아시아라는 독자적인 지역적 정체성의 존립은 불가능했다. 세계가 미국과 소련의 주도 아래 양극체제로 재편성됨으로써, 문명을 단위로 해서가 아니라 이데올로기를 코드로 해서 동서 간의 갈등이 일어났다. 이데올로기적 동서 갈등의 지리적 경계선이 한반도에 그어짐으로써 민족의 분단뿐 아니라 동아시아 분단을 야기했다. 그런데 1989년 이래 현실사회주의 국가들의 몰락은 냉전체제의 해체를 가져왔고, 이에 따라 '동아시아 귀환'의 가능성이 열리면서 동아시아 담론이 부활했다.

탈근대에서의 대항주체로서 동아시아

　냉전시대에 이데올로기적 분단 상태에 있었던 동아시아가 하나의 정체성을 공유하기란 불가능했다. 이 시기에 동아시아는 미국과 소련의 세계전략상의 지역이라는 의미만을 가졌다. 냉전시대에 동아시아는 미국식 자본주의 근대화 모델과 소련식 사회주의 근대화 모델이 경쟁을 벌이는 장소였다. 그 가운데 한반도는 동서 이데올로기 전쟁의 최전선이었다. 체제경쟁에서 미국식 근대화 모델이 이식된 일본과 싱가포르, 대만 그리고 남한이 고도 경제성장을 이룩함에 따라, 이 지역을 특징짓는 '유교 자본주의'라는 명칭이 등장함으로써 동아시아에 대한 지역적 정체성이 새롭게 각성되기 시작했다. 하지만 '유교 자본주의'라는 말에서 유교는 자본주의라는 본질의 속성을 형용하는 말에 불과했기 때문에, 여기서 동아시아란 하위 주체 이상의 의미를 갖지 못했다.

동아시아가 진정한 의미에서 정체성을 획득하는 결정적인 계기는 냉전이라는 이데올로기적 족쇄가 풀어지고, 중국이 소련을 대신해서 미국에 대항하는 강대국으로 부상하면서부터였다. 앞에서 말했던 것처럼, '너'와 '나'의 관계가 '우리'로 맺어지는 것은 공동의 타자로서 '그들'이 나타날 때이다. 20세기 초반 서구라는 타자에 공동으로 대항하는 주체로서 동아시아 정체성이 형성됐다면, 20세기 후반 냉전시대에는 이데올로기에 의해 누가 '그들'인가가 결정됨으로써 동아시아라는 지역적 정체성은 망각됐다.

하지만 탈냉전시대의 도래와 함께 '너'와 '나' 그리고 '그들'의 관계에 변화가 일기 시작하면서, 동아시아 담론이 부활했다. 냉전시대에 맺어진 일본과 미국의 '너'와 '나'의 관계가 중국을 '그들'로 해서 지속되는 경향으로 나아가는 가운데, 한국은 미국과 중국 사이에서 어떤 선택을 해야 하는가? 한반도의 분단 상황이 남한으로 하여금 선택을 어렵게 만들고 있다. 북한은 생존을 위해 중국을 우방으로 선택할 수밖에 없지만, 남한은 중국과 미국 가운데 누구도 적으로 만들 수 없는 처지에 놓여 있다.

한국에서 386세대가 정치권은 물론 사회 각 분야의 전면에 등장하면서 미국을 보는 시각에 변화가 일기 시작했다. 점차 미국을 '그들'로 인식하고, 중국을 '우리'로 보고자 하는 시각이 점점 더 많이 표출됨으로써, 동아시아 공동체에 대한 기대는 그만큼 더 커졌다.

이러한 기대를 반영해서 정치권의 세대교체를 이룩한 노무현 대통령은 2003년 1월 15일에 행한 취임사에서 "동북아시아의 중심에 위치한 한반도는 중국과 일본, 대륙과 해안을 이어주는 가교이다. 유럽연합처럼 평화와 공생의 질서가 동북아시아에 구축되는 것이 내 희망이다"라고 말했다. 이러한 노 대통령의 동북아시대의 선언은 그동안 혈맹이라는 특수한 관계에 있었던 한미관계의 중대한 변화를 예고하는 것이다. 동북아시대를 맞이하기 위한 전제는 혈맹이라는 특수한 한미관계에서 탈피해, 궁극적으로는 한미관계가 일반적인 국가들 사이의 관계로 바뀌는 것을 의미한다. 이렇게 한미관계가 바뀔 때, 북한과 남한의 적대적 관계도 많이 해소될 수 있다.

현재 한국은 20세기 초와 같은 역사의 선택 앞에 직면해 있다. 이제는 일본이 아니라 미국이 우리에게 선택을 강요한다. 21세기 미국은 냉전적 동맹 대신에 반테러 동맹이라는 명분으로 신동맹질서를 동아시아에 관철시키고자 한다. 미국이 구상하는 일본과 한국을 연결하는 동맹체제가 가상의 적으로 삼는 것은 중국이다. 이에 대항해서 중국은 북한과 특수한 관계를 맺고 있으며, 그 사이에 복잡한 남북관계가 놓여 있다. 미국은 북한 문제를 볼모로 해서 남한을 통제하고자 한다. 남한이 이러한 미국에 저항할 수 있는 전략이 동아시아 공동체 구상이다. 이것은 바로 미국과 헤게모니 싸움을 해야 하는 중국의 관심사이기도 하다. 남북 문제를 우리 스스로가 해결할 수 있는 자주 역량을 확보하기 위해서도 동아시아 공동체는 필요하다.

하지만 한 가지 명심해야 할 사항은 남한이 현 상태에서 미국을 적으로 삼는 '반미'를 택하는 것은 어떤 경우에서도 위험하다는 것이다. '반미'가 아닌 '탈미'를 통해 한반도가 동아시아 공동체의 중심축이 되는 길을 모색해야 한다. 20세기 초처럼 지금도 동양주의보다는 민족주의가 더 옳은 선택이라고 생각하는 사람들은 북한과 연합해서 온갖 외세를 배격하고 한반도에 통일 민족국가를 세워야 한다는 주장을 전개한다. 하지만 이러한 민족주의적 주장은 남북 분단은 민족 분단일 뿐만 아니라 동아시아 분단이라는 사실을 알지 못하는 근시안적인 생각이다.

현상태에서 동아시아 공동체를 형성하기 위한 충분조건은 탈미국화이며, 필요조건은 탈민족주의다. '탈미국화'와 '탈민족주의'를 통한 동아시아 공동체 형성이 왜 요청되는지에 대한 설명을 위해서는 역사적 과제로서 동아시아에 대해 고찰해 볼 필요가 있다.

역사로서 동아시아

근대에서 아시아주의에 의해 동아시아정체성이 만들어지기 이전에 이미 역사로서 '포로토아시아proto-asia'가 존재했다. 이러한 동아시아의 계보는 일찍이 다케우치 요시미竹內好에 의해 구상됐다가 최근 여러 학자들에 의해 변형된 형태로 재연되고 있는 '방법으로서 아시아'를 통해 다시 그려지고 있다. 역사적으로 동아시아는 다음과 같은 4가지 형태로 존재했거나 추구됐다.

첫 번째로 전근대에서 동아시아는 '중화세계질서china world order'의 형태로 존재했다. 고대 동아시아를 하나의 역사세계로 묶을 수 있는 근거는 수·당의 두 제국을 중심으로 조선, 만주,

일본이 책봉체제로 불리는 국제관계를 형성했다는 사실이다. 중국 황제에 의한 왕의 책봉은 서양 중세유럽에서 신의 대리인으로서 교황이 왕권의 신성함을 공인했던 것과 유사하다. 서양 중세유럽이 기독교를 근간으로 해서 성립했듯이, 전근대 동아시아는 중화사상을 기반으로 해서 하나의 세계를 형성했다.

두 번째로 근대적인 동아시아는 중화질서의 해체와 함께 나타났다. 중국을 대신해서 일본이 이 지역의 패권을 차지하려는 제국주의적 욕망을 서양 문명에 대항해서 동양 문명을 수호한다는 명분으로 위장함으로써, 대동아공영권의 형태를 띤 동아시아 공동체가 나타났다.

세 번째로 일본의 패망과 함께 국민국가 시대를 맞이함으로써, 동아시아 공동체는 잊혀졌다. 단지 전후戰後 현대에서 동아시아란 냉전질서에 편입된 하나의 하위 지역으로서의 의미만을 가졌다. 동서 냉전 이데올로기에 의해 분할된 동아시아는 독자적인 정체성을 가질 수 없었다.

네 번째로 탈냉전과 함께 동아시아는 자신의 지역적 정체성을 되찾을 수 있는 기회를 획득했다. 최장집에 따르면, 이러한 동아시아정체성의 부활은 다음과 같은 두 가지 특별한 의미를 갖는다. "하나는 냉전으로 분할된 지역임을 부정하고, 어떤 것을 공유하는 지역이 된다는 의미를 갖는다. 다른 하나는 세계의 패권국가일 뿐만 아니라 이 지역의 패권국가로서 미국이 그 필요에 따라 외부로부터 부여한 명칭이 아니라, 이 지역 국가들 스스로가 갖는 내적 요구와 필요의 산물이라는 것이다. 동아시아라는 지역의 범주를 호명함으로써 우리는 무엇에 대항하는 안보가 아니라 스스로의 평화를 만들기 위한 공동체를 상상할 수 있게 된 것이다."[34]

그렇다면 문제는 우리는 현시점에서 어떻게, 그리고 어떤 형태의 동아시아 공동체를 형성할 수 있는가 하는 점이다. 이 문제 해결을 위해 우리는 역사적으로 유럽이 어떤 시행착오의 과정을 겪으면서 오늘의 통합에 이르렀는지를 살펴볼 필요가 있다. 《유럽의 탄생》이라는 책을 썼던 장 바티스트 뒤로젤Jean-Baptiste Duroselle에 따르면, 유럽은 다음 4가지 유형의 통일성 실험을 통해 오늘의 통합에 이르렀다.[35]

첫째는 '원칙에 따른 통일성'이다. 이는 샤를마뉴Charlemagne에 의해 최초로 세워지고 나중에 중세 황제들이나 교황들이 꿈꿔온 통일성이다. 서양 중세유럽을 통일시켰던 원칙이 기독교라면, 전근대 동아시아는 화이사상을 매개로 한 조공책봉관계를 통해 중화질서를 형성했다.

두 번째는 '무력에 의한 통일성'이다. 궁극적으로 고구려와 수·당 전쟁은 무력에 의한 동아시아 통일전쟁이며, 또한 이민족인 몽고와 청도 무력으로 동아시아를 통일하는 제국을 건설했다. 일본 또한 전근대에는 임진왜란으로 그리고 근대에는 대동아전쟁을 통해 동아시아 제국을 성취하고자 했다.

세 번째는 '다양성 속에서의 통일성'이다. 민족과 국가의 다양성을 인정하면서 동아시아의 통일성을 추구하는 방식이다. 유럽의 기독교 공동체가 국민국가들로 분열되고 갈등을 빚었던 19세기 민족주의 시대에 유럽이란 세력 균형의 장소로서의 의미만을 가졌다. 비록 국민국가들로 분열되어 있지만, 어느 강력한 국가가 출현해서 기존의 세력균형 상태를 깬다면 모두의 평화와 안전이 위협받는 공동의 운명 공동체가 유럽으로 인식되었다. 한·청·일이 대등한 관계에서 아시아 연대를 꿈꿨던 안중근에 의해 표명된 동양 평화론이 위와 같은 '다양성 속에서 통일성'을 추구하는 유럽 모델에 가깝다. 유럽 통합의 역사를 통해 알 수 있듯이, 이 세 가지 통일 모델은 모두 실패했다.

오늘날 유럽은 네 번째로 '상호 동의에 의한 통일성'을 추구하면서 통합의 꿈을 실현시키고 있다. 현재 유럽은 개별적 국가들 사이의 상호 동의를 토대로 해서 연방을 이루는 초국가 체제로 유럽 통합을 성취하는 것을 최종 목표로 삼고 있다. 과연 다양한 국가 현실에도 불구하고 '유럽합중국'이 탄생할 수 있을지는 아직은 미지수이지만, 그 목표를 향해 유럽은 한 발짝씩 착실히 나아가고 있다.

위와 같은 유럽 공동체를 이룰 수 있었던 전제조건은 탈냉전이었다. 탈냉전의 전기는 고르바초프의 페레스트로이카에 의해 마련됐다. '유럽 공동의 집'을 만들자는 고르바초프의 제안이 동유럽 변혁을 일으키는 계기가 되어 탈냉전이 일어났다.

같은 맥락에서 와다 하루키는 동아시아에서도 냉전의 벽을 넘어서 공동 번영과 평화를 이룩하기 위한 '동북아시아 공동의 집'을 건설할 것을 제안했다. 이러한 '동북아시아 공동의 집'이란 바로 동북아 각 국가들의 상호 동의를 전제로 해서 통일된 초국가적 공동체를 건설하는 것을 뜻한다.

그런데 국력이 서로 비슷한 여러 국가들로 구성된 유럽과는 달리 국가들 사이에 뚜렷한 국력차가 있고, 또 미국과 중국 간 패권경쟁의 틈바구니에 끼어 있는 국가들이 과연 독자적인 위치에서 상호 동의를 매개로 한 통일적인 동아시아 공동체를 실현할 수 있을까? 그렇다면 구체적으로 동아시아 공동체를 실현시킬 수 있는 방안은 무엇인가? 다음으로 그 가능 조건들에 대해 생각해본다.

'문맥의 공유'를 통한 동아시아 공동체 형성

동아시아 공동체 형성을 막는 가장 큰 장애요인은 두 가지로 지적될 수 있다. 첫 번째 유럽에서는 냉전이 해소됐지만, 아시아는 아직 냉전 중이라는 사실이다. 동아시아에서 이러한 냉전의 위기는 북한 핵 문제를 통해 지속적으로 표출되고 있다. 두 번째 동아시아 각국은 동아시아 공동체라는 형식이 필요하다는 점은 모두 인정하지만, 그 내용을 자국의 욕망과 이해관계를 투사해서 채우고자 하기 때문에 동아시아 공동체 실현이 불가능하게 여겨진다. 동아시아 공동체에 대한 '인식의 공유'는 있지만, 어떤 동아시아 공동체를 형성할 것인가에 대한 각국 간의 '문맥의 공유'는 아직 없다.[36] 따라서 앞으로의 과제는 '문맥의 공유'에 도달할 수 있는 방안을 모색하는 일이다.

나는 동아시아의 탈미국화와 탈민족주의가 위에서 말한 두 가지 장애요인을 제거하기 위한 전제조건이라고 생각한다. 먼저 동아시아 공동체 형성의 충분조건으로 동구권의 몰락 이후에도 동아시아를 여전히 냉전적 질서로 포섭하고자 하는 미국으로부터의 탈피가 일어나야 하며, 더 나아가 필요조건으로 동아시아 각국이 자국 중심으로 동아시아 공동체를 구상하는 민족주의에서 벗어날 때 '문맥의 공유'가 가능하다.

최근 동북아와 동남아를 하나로 통합하는 '아세안 공동체'의 구축이 논의되고 있는 것과 더불어, 경제·문화·평화의 세 방향에서 동아시아 공동체 형성에 대한 '문맥의 공유'가 일어나기 시작했다. 동아시아 공동체가 경제와 문화 그리고 평화라는 3개의 다리로 서는 삼족정三足鼎과 같은 형태로 가시화되고 있는 현상을 보인다는 것은 매우 고무적인 일이다.

일차적으로 동아시아 공동체의 형성을 추진하는 실질적인 동력은 경제적 이해관계로부터 나온다. 동아시아는 지구촌 인구의 3분의 1을 차지하는 최대 인구밀집 지역이자 최고 고도성장 지역이다. 특히 개혁개방 이후 중국 경제의 부상은 중국을 세계의 공장으로 하는 새로운 국제 분업구조의 출현을 낳았다. 중국의 무역은 한국, 대만 등의 아시아 신흥공업국과 일본에서 원자재와 부품을 수입하여 중국 안에서 조립가공한 뒤 미국과 유럽 등 선진국에 완제품을 수출하는 구조로 이뤄져 있다. 중국을 매개로 해서 동아시아 전체 경제와 선진국 경제가 연결되는 거대한 국제 분업체제가 탄생했다.[37] 이러한 새로운 국제 분업체제의 등장은 미국과 유럽이 주도했던 종래 서구 중심의 자본주의 세계체제를 변화시킬 수 있는 전기를 마련했다. 요컨대 동아시아 공동체의 형성과 함께 이른바 '동북아시대'가 열리고 있다.

안드레 군더 프랑크Andre Gunder Frank는 21세기는 아시아 시대가 될 것이며, 그 전제는 미국이라는 제국이 무너지는 것이라고 말했다.[38] 그에 따르면, 미국은 이미 상처받은 '종이호랑이paper tiger'이고, 아시아는 '떠오르는 용rising dragon'이다. 미국이라는 제국을 지탱하는 두 지주는 달러와 군사력이다. 미국 경제의 힘은 달러에서 나온다. 미국은 매년 물품보다 10배나 많은 달러를 발행하며, 이 차이가 미국의 부채를 가중시키고 있다. 미국은 '부채 경제debt economy'로 세계경제의 패권을 유지하며, 막강한 군사력을 기반으로 세계를 통제한다. 하지만 달러와 군사력은 서로를 지탱해주는 동시에 서로의 취약한 아킬레스건이기도 하다. 만약 미국이 늘어나는 부채를 더 이상 감당하지 못하고 채권국들이 미국에게 대출금 상환을 요구하는 사태가 온다면, 미국 경제는 급속하게 붕괴되고, 그 여파로 전 세계는 1929년보다 더 심각한 경제공황을 맞이할 것이다.

프랑크는 이러한 사태에 대비하기 위해서라도 아시아는 IMF 및 미국 재무부로부터 벗어날 수 있는 아시안 기금Asian Fund을 조성해야 한다고 충고했다. '떠오르는 용'으로서 동아시아가 '종이 호랑이'인 미국 경제의 몰락으로 추락하지 않기 위해서라도 동아시아 경제공동체를 결성하는 것이 필요하다.

한국의 노무현 대통령은 취임하면서 21세기 동북아시대의 실현을 참여정부의 목표로 설정하는 연설을 했다. 동북아시대의 실현을 통해 한국을 동북아 중심국가로 도약시킨다는 포부를 밝혔다. 그런데 여기서 한국이 지향하는 동북아중심국가란 과거처럼 동아시아 지역의 패권을 추구하는 국가가 아니라 중추hub의 역할을 하는 국가를 의미한다. 중국과 일본을 잇는 교량의 위치를 점하고 있다는 한반도의 지정학적 위치를 활용하여 한국을 동아시아 중추 국가hub state로 만든다는 것이다.

과거 한반도는 이러한 지정학적 위치 때문에 동아시아 분쟁의 진원지가 되었다. 하지만 한국이 이러한 지정학적 위치를 발판으로 해서 동아시아 물류의 중심국가로 도약한다면, 한국은 서로 경쟁관계에 있는 중국과 일본 사이의 갈등을 중재하고 조정하는 역할을 할 수 있다.[39] 이렇게 한국이 동아시아 지역의 공동 번영을 목표로 하는 동아시아 경제공동체를 성립시키는 중재자가 된다면, 21세기 동북아시대가 열림으로써 '리

오리엔트re-orient'라는 세계사적 전환이 일어날 수 있다.

동아시아 정체성의 코드로 가장 많이 언급되는 것이 문화다. 유교 또는 한자 문화권이라는 문화적 동질성이 동아시아 공동체를 형성하는 인자로 가장 많이 거론되었다. 하지만 동아시아에 대한 지역적 정체성 인식은 역설적이게도 중화사상에 입각한 제국으로서 중국이 해체한 이후에 나타났다. 2차 세계대전 당시 일본이 주창한 대동아공영권은 조공과 책봉관계를 형성시켰던 중화주의의 재현은 아니지만, 근대적 방식의 변형이었다. 바로 이 점 때문에 한국과 일본과는 달리 중국에서는 동아시아라는 개념을 별로 사용하지 않는다.

동아시아라는 지역적 정체성은 문명의 위계질서가 '중국-조선-일본'에서 '일본-한국-중국'으로 바뀌는 근대화 과정에서 탄생했다. 중국을 대신해서 일본이 서구적 근대에 대항하는 동양 문명의 표상임을 주장할 목적으로 '상상의 지리'로서 동아시아가 발명됐다. 따라서 탈근대에서 동아시아 공동체에 대한 새로운 구상을 하기 위한 전제는 중화사상 이래로 동아시아 지역을 문화적인 위계질서로 통합했던 방식으로부터의 탈피이다.

이러한 문화적 위계질서의 재편성이 서서히 일어나고 있는 징조가 최근 중국에서 시작하여 일본으로 번진 한류 열풍이다. 한류의 긍정적 의미는 시민들의 자발적인 행위로 이루어진, 아래로부터의 동아시아 문화연대를 실현할 수 있는 희망의 징조라는 것이다. 한류를 통해 나타나고 있는 문화의 소통은 이전의 동아시아에서 정형화됐던 일방통행적인 문화적 교류를 역류시키는 새로운 형태이다.

먼저 한류의 진원지인 중국과의 전통적인 문화 소통방식을 볼 때, 중국에서 한국으로 이동했던 전근대의 문화 전달방식이 역전되어 이제는 한국에서 중국으로 문화가 흐르고 있다. 이러한 문화적 흐름의 역류는 오랫동안 중화사상에 물들어 있었던 중국인들의 의식을 바꾸는 계기가 될 수 있다. 하지만 역설적인 현상은 이러한 한류열풍과 거의 동시적으로 관(官)의 비호 아래 중국의 고구려사 왜곡 기도가 신중화주의 형태로 나타났다는 사실이다. 따라서 한류열풍은 중화주의로의 복귀를 추진하는 위로부터의 기획 의도를 민간적인 문화 교류를 통해 막아낸다는 효과를 낳을 수 있다.

다음으로 일본에서의 한류 열풍은 중국의 경우와는 정반대로 전근대의 역사적 관계를 복원한다는 의미를 가진다. 역사적으로 보아 한류는 일본과의 관계에서 전혀 새로운 현상이 아니다. 백제를 통한 일본으로의 선진문화 전파가 있었고, 에도시대에서 조선통신사는 문화의 전달자 역할을 했다. 이러한 한·일 간 문화의 전통적 소통방식이 근대에서 역전되었다면, 최근의 한류는 근대 이후 정착된 한·일 간의 문화 소통방식을 바꾸는 새로운 문화 네트워크 형성을 알리는 신호탄일 수 있다.

물론 한류는 중국의 경제주의와 한국의 문화적 민족주의가 기묘하게 얽혀서 일시적으로 나타난 반짝 효과일 수 있다. 하지만 지금 이에 대한 어떤 판단을 내리는 것은 시기상조이다. 한류가 동아시아 공동의 정체성 창출과 연대의 기회를 제공하는 새로운 문화 소통의 코드가 될 것인지, 아니면 선진적인 소비문화를 후진 지역으로 수출하는 새로운 문화 제국주의의 한 단면에 불과할 것인지는 좀 더 지켜볼 노릇이다.[40]

하지만 하나 확실한 사실은 한류가 중국뿐 아니라 일본에서도 일어나고 있기 때문에, 그것을 단순히 제국주의적 문화 수출의 맥락으로만 보는 것은 편협한 시각이라는 것이다. 한류는 문화의 측면에서 한국이 동아시아의 허브가 될 수 있다는 가능성을 보여준 현상이다. 따라서 현시점에서 중요한 과제는 종래의 일방통행적인 동아시아 문화의 생산 및 유통 구조를 바꾸어놓은 한류를 시금석으로 삼아, 불행했던 동아시아 역사를 청산하고 새로운 동아시아 공동체 형성을 위한 문화 네트워크를 구성하는 일이다.

하지만 이를 위한 전제는 한국이 한류 네트워크를 통해 자국 중심의 동아시아 문화공동체를 구성할 수 있다는 생각을 절대로 가져서는 안 된다는 점이다. 근대의 역사적 경험을 통해 우리가 얻은 교훈은 더 이상 민족주의 욕망을 갖고 동아시아를 사유하지 말아야 한다는 것이다. 중국인들과 일본인들이 한류에 열광하는 근본 이유는 한국 문화의 우수성 때문이라기보다는 한류를 통해 동아시아인들이 공유할 수 있는 문화의 코드가 발견되었기 때문이다. 문화란 소통으로 존재한다. 한류를 하나의 문화 상품이 아닌 근대를 통해 상실된 문화적 동질감을 서로 소통하며 되찾을 수 있는 기회로 활용할 때, 동아시아 문화공동체는 이전에 실패한 '근대의 초극'을 탈근대에서 실현할 수 있는 길이 될 것이다.

현 시점에서 동아시아 공동체 형성을 막는 가장 큰 장애물은 무엇보다도 냉전시대의 대립구조를 계속해서 유지시키고자 하는 미국의 동아시아 군사전략이다.[41] 미국 외에 동아시아 지역에서 중국의 부상을 가장 염려하는 국가는 일본이다. 그래서 일본이 미국과의 연계를 통해 중국을 견제하는 선택을 한다면, 동아시아 공동체 실현은 불가능하다. 미국은 기본적으로 미일 안보체제의 강화를 통해 이전의 소련 대신에 중국을 적으로 하는 냉전체제를 동아시아에 유지시키는 전략으로 나아가고 있다.

이러한 냉전체제에서 전쟁의 위험이 가장 큰 지역이 한반도이다. 냉전체제는 이전에 한국전쟁을 일으키는 구조적 요인이 되었듯이 동아시아를 다시 전쟁터로 만드는 리스크를 내재한다. 이러한 위기 상황을 촉발 시킬 수 있는 뇌관이 바로 북한

핵 문제다. 따라서 한반도의 생존과 동아시아의 안전을 위해서 무엇보다도 먼저 요청되는 것이 동아시아 평화공동체 형성이다. 만약 한반도에서 전쟁이 일어난다면 그것은 동아시아전쟁이고, 이는 결국 세계전쟁으로 확대된다는 냉전에 대한 '문맥의 공유'가 남북한은 물론 동아시아 그리고 전 세계의 차원으로 확대될 때 동아시아 평화공동체가 실현될 수 있다.

동아시아 냉전의 진원지가 한반도이기 때문에 동아시아 평화공동체 형성에서 남북한의 역할이 무엇보다 중요하다. 그런데 미국은 한반도의 분단상황을 인질로 해서 동아시아 냉전을 지속시키고자 하기 때문에, 남한의 햇볕정책이 답보 상태에 빠질 수밖에 없었다.

동아시아가 탈냉전 되지 않고는 동아시아 공동체 형성은 불가능하며, 동아시아 공동체가 전제되지 않고는 한반도에서 남북 통일의 실현은 거의 불가능하다. 이러한 추론은 유럽 통합과 독일 통일의 상관관계에 비추어볼 때 상당한 설득력을 갖는다. 유럽에서 탈냉전이 없었다면, 독일 통일은 일어나지 못했을 것이며, 동시에 유럽 통합이라는 비전이 없었다면 프랑스나 영국은 독일 통일을 결코 허용하지 않았을 것이다.

동아시아 평화공동체가 이룩되기 위해서는 남북한의 대립과 갈등을 해소하는 탈분단이 이루어져야 하고, 이를 위해서는 무엇보다도 먼저 냉전을 이용해 동아시아를 계속해서 갈등

지역으로 잡아매고자 하는 미국의 영향력으로부터의 탈피가 필요하다. 따라서 동아시아 탈냉전의 출발점은 탈미국화이다.

물론 동아시아에서 미국이 물러나면 중국의 패권주의 위협은 가중되고, 이에 대항해서 일본이 핵 무장을 함으로써 동아시아 긴장이 더욱 고조될 것이기 때문에 미국의 냉전전략이 역설적으로 동아시아의 평화를 보장해준다는 주장도 있다. 하지만 미국이 동아시아에 냉전상태를 고착시키는 이유는 동아시아 평화를 위해서가 결코 아니라 중국에 대항해서 미국의 패권주의를 지속하기 위해서이다.

이 같은 상황에서 와다 하루키는 동아시아 평화를 위한 안전장치를 위해서 미국을 포함한 '동북아시아 공동의 집'을 구상하는 것이 필요하다고 주장했다. 그는 미국이 포함되어야 하는 근거로 두 가지를 말했다. 첫째는 지리적인 차원에서 북극에서 지구를 바라보면, 알래스카가 중국, 몽골, 러시아로 이어지고, 또 이는 하와이를 포함한 아메리카 대륙으로 연결되기 때문에 미국을 포함한 '동북아시아 공동의 집' 건설이 가능하다는 것이다.

둘째는 현실적인 차원에서 이 지역의 안전보장 문제를 생각할 때, 미국을 배제한 '동북아시아 공동의 집'은 결코 실현될 수 없기 때문에 미국을 포함시켜야 한다는 것이다. 그는 한국, 북한, 중국, 몽골, 러시아, 일본, 미국뿐만 아니라 타이완, 오키나와, 사할린, 쿠릴열도, 하와이를 포함하는 7개 국가와 5개의 섬으로 구성된 거대한 지역으로서 '동북아시아 공동의 집'을 제안했다.[42]

그런데 과연 유럽 연합과 아프리카 그리고 이슬람 국가들을 제외한 거대 공동체로서 '동북아시아 공동의 집'이 과연 실현 가능한 프로젝트일까? 이러한 구상은 아직은 먼 미래의 유토피아인 것처럼 보인다. 단지 오늘의 시점에서 실현 가능한 기획은 이미 어느 정도 완전한 공동체를 이룩한 ASEAN에 한·중·일이 합세해서 동아시아 공동체를 구성하는 일이다. 그러기 위해서 한·중·일은 일단 불행했던 과거사를 정리하고 아시아의 공동 번영과 평화 정착이라는 공동의 미래 목표를 향해 함께 나아간다는 취지로 새로운 동아시아 정체성 정립에 노력한다는 합의를 해야 한다.

2004년 말 한국과 일본의 두 나라 국회의원과 시민단체, 학계 전문가들이 모여 결성한 '아시아평화연대'는 이러한 합의를 진전시키기 위한 중요한 디딤돌이 되기를 희망한다. 차후 이것이 발전하여 중국에까지 확대될 때, 평화를 위한 아시아인들의 연대는 한층 더 강화될 것이다.

다시 강조하면, 한반도의 남북 문제가 동아시아 평화연대의 시금석이다. 하지만 역으로 동아시아 평화공동체 형성을 전제로 해서만 한반도 문제가 풀릴 수 있다고도 말할 수 있다. 이는 마치 독일 통일이 유럽 통합에 이바지한다는 확신을 주변

국들에게 심어주었기 때문에 가능했던 것과 마찬가지다. 한반도의 탈분단이 동아시아 평화와 같은 문맥에 위치해 있다는 인식을 공유할 때, 한반도 문제를 매개고리로 냉전의 굴레를 벗어던지고 동아시아에 탈제국(주의)적 지역질서를 세우는 공동체 형성으로 나아감으로써 21세기 동북아시대 새역사를 창조할 수 있다.

  이러한 새역사 창조에 무엇보다도 중요한 역할을 해야 하는 것이 역사학이다. 그럼에도 오늘의 한국 역사학은 아직도 우리 역사를 보는 시야를 민족으로 한정해서 동아시아 관점을 결여하고 있다. 다음 3장과 4장에서는 바로 이 문제, 오늘의 한국 역사학과 역사교육이 왜 그리고 어떻게 국사를 넘어 동아시아사로 나아가야 하는지를 다루고자 한다.

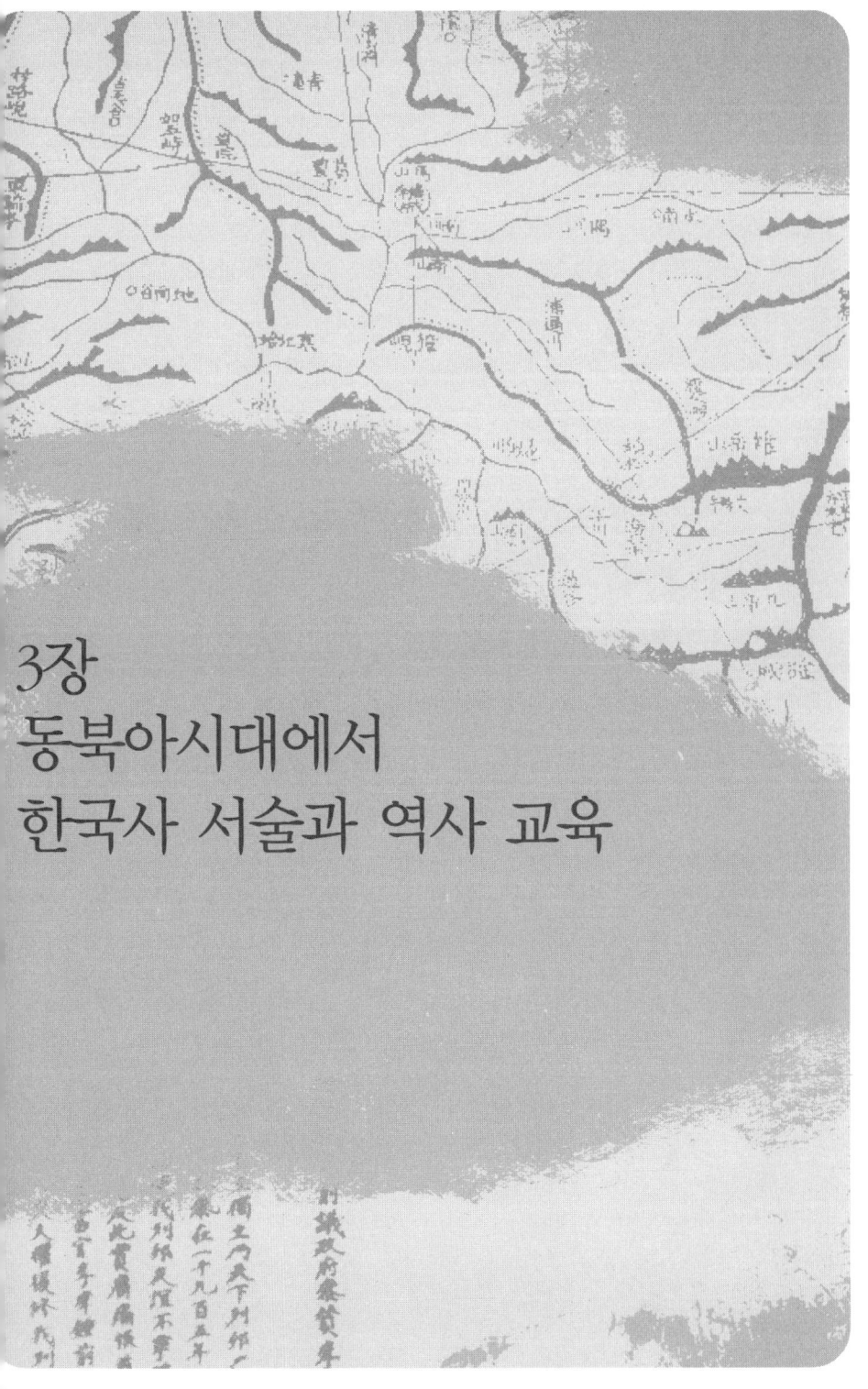

3장
동북아시대에서
한국사 서술과 역사 교육

문제는 일본이 아닌 우리의 역사 교육이다

지금 우리의 최대문제는 21세기 한반도가 어디로 가야 하는가이다. 냉전시대가 끝나고 세계가 재편되면서, 한반도가 다시 동북아 태풍의 눈처럼 떠올랐다. 중국이 미국과 패권경쟁을 벌이는 강대국으로 부상하고, 이에 대항해서 일본은 '탈아입미脫亞入美'로 방향을 정한 것처럼 보인다.

중국과 일본의 이런 포석을 반영해서 새로운 역사 해석이 나타났다. 중국은 동북공정으로 속셈을 드러냈고, 일본은 역사 교과서의 우경화를 통해 속내를 보이고 있다. 우리가 이러한 중국과 일본의 역사왜곡에 대해 민감한 반응을 보이는 이

유도 그것이 과거 문제가 아니라 우리 미래가 걸린 문제이기 때문이다. 우리는 중국의 동북공정에 대해 고구려사를 지켜내고자 했고, 일본에 대해서는 식민지 지배에 대한 사죄와 반성을 요구했다. 이러한 국제적인 역사 분쟁에 그야말로 온 국민이 하나가 되어 총력전을 펼쳤다. 우리 국민의 드높은 역사의식에 중국이 놀랬고 일본도 움찔했다.

하지만 문제는 21세기 한반도의 나아갈 방향을 제시하는 새로운 역사 해석과 역사 교육이 우리에게 과연 있는가이다. 외세에 대항하는 부정적인 에너지로부터 분출되는 역사에 대한 열정이 변화하는 세계정세 속에서 스스로를 역사의 주체로 고양시키는 긍정적인 에너지를 만들어내지는 못한다. 나는 외세가 우리 역사를 건드리지 않으면 역사의 힘을 느끼지 못하는 불감증이 일본 우익 역사 교과서보다 더 고질적인 병이라고 생각한다.

이런 고질병의 일차적인 원인은 아무래도 역사학 내부에 있는 것으로 여겨진다. 한국사를 구성하는 메타역사로서 이른바 '저항적 민족주의'가 지금까지 제도권 역사 교육이 자력으로 자기 학문의 존재 이유를 알리는 데 게을리 하고 외부로부터의 자극과 충격을 자기 에너지원으로 삼으며 안주하는 구조를 만들어냈던 것은 아닌가?

일본 교과서를 비판하는 것으로 우리 역사 교육 목표가 달성될 수는 없다. 탈냉전과 더불어 동아시아 담론이 유령처럼 나타나 학계의 화두가 된 지 이미 오래됐고, 최근 정치권에서도 21세기 동북아시대를 맞이해서 한반도의 위상을 어떻게 재설정할 것인가의 논쟁이 벌어졌다. 오늘날 한국사 서술과 역사 교육은 이런 문제를 화두로 해서 이루어져야 한다. 이 같은 관점에서 나는 먼저 일본 역사 교과서와의 비교를 통해 오늘의 한국사 서술과 역사 교육의 문제점을 진단해 보고, 이른바 동북아시대를 맞이해서 한국사 서술과 역사 교육의 패러다임이 어떻게 바뀌어야 하는지를 성찰해 보겠다.

'민족의 역사' 인가, '역사의 민족' 인가

한국사란 무엇인가? 무엇을 기준으로 한국사를 정의해야 하는가? 한국사란 한국인의 역사인가, 아니면 한반도의 역사인가 또는 남한, 곧 대한민국의 역사인가? 역사를 형성하는 3요소는 인간, 공간 그리고 시간이다. 중학교 국사교과서는 "우리의 역사는 우리 민족이 걸어온 발자취이자 기록"이라고 씀으로써,[43] 이 셋 가운데 민족이라는 인간을 중심으로 한국사를 정의했다.

그러면 다시 물을 수 있다. '우리 민족'이란 누구인가? 선사시대부터 오늘날까지 시간을 초월해서 우리의 정체성을 규정하는 '우리 민족'이란 것이 과연 있는가? 민족 정체성은 시간의 흐름 속에서 만들어지는 역사적 형성물임에도 불구하고 국사 교과서는 우리 민족을 선험적으로 전제하고 한국사를 서술했다. 중학교 국사 교과서의 두 쪽 분량의 머리말에 '우리'라는 단어는 무려 11번이나 나온다. 이에 비해 폐쇄적이고 자국중심주의라고 비판을 가하는 2005년 후쇼사 발행 일본 중학교 역사 교과서에는 '우리'라는 말이 단 한 번 나온다. 왜 이런 기이한 현상이 발생했는가? 일본 역사 교과서를 비판하기에 앞서 한국 국사 교과서는 과연 문제가 없는지부터 반성해야 한다.

고등학교 국사 교과서는 우리 민족의 기원을 이렇게 쓰고 있다. "우리 조상들은 대체로 중국 요령성, 길림성을 포함하는 만주지역과 한반도를 중심으로 한 동북아시아에 넓게 분포하여 살고 있었다. 우리나라에 사람이 살기 시작한 것은 구석기 시대이며, 신석기시대에서 청동기시대를 거치면서 민족의 기틀이 이루어졌다."[44] 중학교 국사 교과서가 사람, 곧 민족을 코드로 해서 한국사를 정의한다면, 고등학교 국사 교과서는 '우리나라'에 사람이 살기 시작한 것을 출발점으로 해서 민족의 기원을 설명한다.

그렇다면 여기서 '우리나라'란 도대체 어디를 가리키는가? 전후 문맥으로 보아 넓게는 만주지역과 한반도를 포괄하는 지역인 것처럼 보인다. 하지만 중학교 국사 교과서 첫 번째 단원인 "선사시대의 생활"의 첫 소제목이 "언제부터 한반도에 사람이 살았을까?"인 것으로 미루어보아, 우리나라를 대체로 한반도로 설정하는 것 같다. 중학교와 고등학교 국사 교과서를 종합해서 한국사의 기원을 설명하면, "인종상으로 황인종에 속하고, 언어학상으로는 알타이 어족과 가까운 관계"에 있는 사람들이 한반도를 중심으로 "하나의 민족 단위를 형성하고 농경생활을 바탕으로 독자적인 문화를" 이룩한 시점부터라고 말할 수 있다.[45] 이 정의에 따르면, 한국사는 우리 민족이라고 지칭할 수 있는 사람들의 출현과 함께 시작한다.

그렇다면 여기서 문제는 그러한 민족이라는 정체성 의식의 주체는 누구인가이다. 다시 말해 단군 조선과 위만 조선 그리고 부여, 고구려, 옥저, 동예, 삼한에 살았던 사람들 모두가 하나의 민족이라는 정체성 의식을 공유했을까? 부족국가 시대에 그와 같은 민족 정체성이 있었다고 말하는 것은 무리다. 그들을 우리 민족이라고 부르는 것은 과거를 현재화 하는 시대착오다.

그럼에도 그들의 역사가 한국사의 범주로 포괄될 수 있는 이유는 그들이 우리 민족이기 때문이 아니라 시간의 흐름 속에서 형성됐던 우리 민족의 구성 요인을 이루기 때문이다. 따라서 한국사란 우리 민족이 걸어온 발자취이자 기록이라고 정의할 것이 아니라, 역으로 현재 우리가 한민족이라는 정체성의식을 가질 수 있게 됐던 과정을 추적하는 것을 목표로 해서 과거를 역사화 하는 담론적 구성물이라고 말해야 한다.

한국 국사 교과서가 한국사를 한민족이라는 선험적 주체가 살아온 과정으로 서술하는 데 비해, 일본 역사 교과서는 민족이라는 표현을 자제한다. 2005년 후쇼샤 발행 일본 중학교 역사 교과서는 일본사를 이렇게 정의한다. "지금부터 배우는 역사는 일본의 역사이다. 바꾸어 말하면 이것은 여러분과 피가 이어지는 조상의 역사를 배운다는 말이다. 여러분의 가장 가까운 조상은 여러분의 부모다. 부모의 앞에는 네 사람의 조부모가 있다. 이렇게 세대를 거슬러 올라감에 따라 여러분의 조상의 숫자는 계속 증가한다. 이 일본 열도에 살았던 사람들은 현재 교실에서 책상을 맞대고 있는 여러분의 공통의 조상이라는 사실도 알 수 있다. 일본의 역사는 어느 시대를 잘라보아도 모두 우리들의 공통의 조상이 살았던 역사인 것이다."[46]

위의 일본사의 정의와 한국 국사 교과서의 한국사 정의의 차이는 무엇인가? 일본을 한국으로 바꿔도 아무런 문제가 없을 것이다. 하지만 한국 교과서와 비교해서 적어도 두 가지 중요한 차이가 있다. 첫째, 민족이라는 선험적 주체로 정의하는 방식이 아니라 나로부터 거슬러 올라가 조상의 역사로서 일본사를 정의한다는 것이다. 민족이라는 막연한 주체보다는 나의 정체성을 시간적으로 확대하여 조상의 역사라고 하는 편이 훨

씬 더 구체적이다. 둘째, 일본사는 과거에서 현재가 아니라 현재에서 과거로 소급해서 정체성을 정의하는 방식을 취한다.

역사라는 말은 '일어난 역사'와 '씌어진 역사'라는 이중적 의미를 가지며, 이에 따라 역사의 주체도 이중적이다. 먼저 일반적으로 역사의 주체는 첫 번째 '일어난 역사'의 주체로 이해된다. 한국사란 한국인의 역사로, 일본사는 일본인의 역사로 말해진다. 여기서 한국인, 일본인은 엄밀하게는 현재의 우리가 아니라 과거의 그들이다. 두 번째로 '씌어진 역사'의 주체란 '일어난 역사'의 주체가 아니라 역사 서술 주체로서 현재의 우리이다.

역사 인식론의 근본 문제는 '일어난 역사'와 '씌어진 역사'의 불일치를 어떻게 극복하느냐다. 결론적으로 말해 이 둘 사이의 불일치를 결코 극복할 수 없고, 둘 사이의 틈새로부터 역사는 계속해서 다시 씌어지고 있다. 전자의 역사는 과거로서 역사이고, 후자의 역사는 담론으로서 역사이다. 담론으로서 역사는 관점과 이데올로기를 가진 역사 서술 주체에 의한 구성물이다. 역사 교과서도 예외는 아니다.

하지만 한국 국사 교과서는 '일어난 역사'의 주체와 역사 서술 주체 사이의 구분을 하지 않는데, 그 이유는 민족이라는 초역사적 실체를 상정함으로써 그 둘 사이의 선험적 일치가 전제되기 때문이다. 이러한 선험적 일치를 드러내는 징표가 필요이상으로 많이 사용되는 '우리'라는 단어다. 그럼에도 한국 국사 교과서는 역사 서술의 객관성을 주장한다. 중학교 국사 교과서는 "역사 서술은 과거가 어둡다고 하여 숨기거나 없는 것을 있다고 과장해서는 안 된다. 역사 서술은 치우침이 없고 엄격하여야 한다"고 쓰고 있다.[47]

그러나 민족의 관점에서 역사를 국사로 구성하는 서술이 과연 객관적일 수 있을까? 동양에서 역사는 흔히 거울鑑로 비유되곤 했다. 하지만 국사라는 거울은 동화 백설공주에 나오는 마녀처럼 "거울아 거울아, 세상에서 어느 민족이 가장 위대하냐"고 묻기 위한 것은 아닐까?

한국 국사 교과서는 한반도에 살았고, 살고 또 앞으로 살아갈 사람들을 민족이라는 초역사적 주체로 묶음으로써 역사 서술 대상인 과거 사람과 서술 주체인 현재 사람 사이를 선험적으로 일치시켰다. 결국 이렇게 민족주의적 메타담론에 의거해서 만들어진 국사는 결국 거울을 보는 나와 거울에 비친 자기 모습을 구분하지 못하게 만드는 나르시시즘에 빠지게 한다.

이에 비해 2001년 그리고 2005년 일본 후쇼사 발행 역사 교과서는 그 둘 사이의 분리를 전제로 해서 역사 교육을 해야 한다는 점을 강조하는 것으로 첫 문장을 기술했다. "아마 역사를 배우는 것은 과거의 사실을 아는 것이라고 생각하는 사람이 많을 것이다. 그러나 반드시 그렇지는 않다. 역사를 배우는 것은 과거의 사실에 대하여 과거의 인간이 어떻게 생각하고 있었는가를 배우는 것이다."[48]

그런데 이 둘 사이의 차이가 역사 교육에서 왜 그리 중요한가? 배우는 주체는 우리다. 그래서 서술 주체는 현재의 우리지만, 서술 대상은 현재의 우리와 다른 과거 사람들이다. 이렇게 서술 주체와 대상이 다를 때 일차적으로 문제가 되는 것이 어떤 관점으로 서술해야 하는가이다. 서술 주체와 대상의 차이를 민족으로 해소하는 한국 국사 교과서는 특별히 관점의 문제에 대해 언급할 필요성을 느끼지 않는다.

관점의 문제를 인식하는 계기는 역사에 대한 담론적 투쟁을 벌이고자 할 때이다. 이러한 문제의식으로 2001년 일본 후쇼사의 새역사교과서는 역사적 상대주의를 주창했다. 새여사교과서는 조지 워싱턴이 미국인에게는 위인이지만, 영국인에게는 반란군인 점을 언급하면서 일본인의 관점에서 역사를 쓰는 것을 정당화했다.

한국 국사 교과서는 전지적 작가의 관점에서 네러티브를 구성할 수 있는 근거는 과거, 현재 그리고 미래의 우리를 민족이라는 초역사적 주체로 묶기 때문이다. 민족이라는 메타담론에 의거해서 역사는 국사로서 파악된다. 이에 비해 일본 역사 교과서는 역사 서술의 주체와 관점은 일본인임을 명시하지만, 일본사의 초역사적 주체로서의 일본 민족을 상정하지는 않는다. 참고로 2001년 국서간행회 발행 고등학교 《최신 일본사》는 일본사를 "일본 민족과 나라의 역사"라고 정의하며, "일본사를 배우는 일은 일본 국민으로서 자기의 재발견"이라고 학습목표를 설정했다.[49]

또한 일본 역사 교과서는 근대적인 민족과 나라를 구분해서 자국사를 서술했다. 하지만 한국 국사 교과서에서는 그런 구분이 불명확하다. 우리나라는 곧 우리 민족을 의미한다. 그리고 또 문제되는 개념이 국가다. 고등학교 국사 교과서는 우리나라 최초의 국가는 고조선이라고 썼다. 청동기 문화가 기원전 10세기경에 나타남으로써 사유재산 제도와 계급이 발생하여 유력한 족장이 출현하고, 그 족장은 주변지역을 아우르고 마침내 국가를 이룩했다는 것이다. 이런 국가의 탄생과 함께 한국사는 시작한다. 그런데 청동기 문화가 나타나는 기원전 10세기에서 철기가 보급되는 기원전 4세기 사이에 국가의 성립을 말하는 것은 너무 이르지 않은가?

결국 문제는 고조선은 어떤 형태의 국가인가이다. 교과서에는 이에 대한 자세한 설명이 없다. 고조선이라는 최초의 국가가 사라지고 난 다음 등장하는 것이 부여, 고구려, 옥저, 동예 그리고 삼한과 같은, 국가가 아닌 나라들이다. 그리고 삼국시대에 이르러 고대국가가 성립했다고 기록되어 있다.[50] 삼국 중 고구려가 가장 먼저 중앙집권적 고대국가를 이룩했고, 신라가 가장 늦었다. 일례로 신라의 고대국가 성립 과정에 대한 중학교 국사 교과서의 서술을 보면, "신라는 박, 석, 김 3성의 시조설화에서 보듯이, 여러 세력 집단이 연합하여 이루어진 나라였기 때문에 국가적 통합이 비교적 늦었다. 신라가 중앙집권국가의 모습을 갖춘 것은 4세기 후반 내물왕 때였다."[51] 이 문장에서는 나라와 국가가 구분된다. 그러면 고조선이라는 국가와 그 멸망 후 나타났던 나라들, 그리고 고대국가들 사이의 차이는 무엇인가?

일본 역사 교과서는 4세기경 중국 역사서에서 '왜'라는 문자 기록이 사라지는 것을 기점으로 해서 고대국가의 성립을 말하고, 8세기 초 율령의 제정과 더불어 율령국가가 완성됐다고 쓰고 있다. 또한 일본 역사 교과서는 나라와 민족을 구분하지만, 한국 국사 교과서는 나라와 국가를 포괄하는 초역사적 실체로서 민족을 상정한다.

한국 국사 교과서에서는 민족이 가장 포괄적인 상위 범주라면, 일본 역사 교과서에서 그 역할을 담당하는 개념은 문화다. "역사란 그 문화가 성장 발전해온 자취라고 말할 수 있을 것이다"라고 썼던 일본 역사 교과서는 일본사를 일본 문화의 역사로서 파악했다. "우리들은 이른바 문화의 테두리 속에서 살아가고 있으며, 그 문화는 역사의 흐름 속에서 형성되고, 역사 속에서 그 독자의 모습을 드러낸다고 말할 수 있을 것이다."[52]

일본을 하나의 문화 공동체로 규정하고 문화를 코드로 해서 일본사를 정의했던 일본 교과서 편찬자는 "이 책은 학습자가 역사 속에 나타난 일본의 문화, 곧 자기의 생활 근거를 배울 수 있었으면 하는 바람을 담아 편찬되었다"라고 썼다.[53]

국가와 민족의 기원을 말할 때 중요한 것이 국호다. 그래서 한국인, 일본인이라는 정체성을 표상하는 국호가 언제 어떻게 성립했는지를 교과서는 밝혀야 한다. 일본 역사 교과서에는 〈일본이라는 국호의 성립〉이라는 독립된 장이 있다. 일본이라는 국호가 나타나는 결정적인 계기는 663년 백촌강 전투에서의 패배다.[54] 3백 년간 친교관계에 있었던 백제와의 단절은 당시 일본 열도에 살았던 사람들에게는 커다란 충격이었다. 당과 신라의 내습에 대한 위기의식은 거국적인 방위를 위한 천황제 율령국가를 성립시키고, 이로써 일본이라는 국호가 사용되기 시작했다는 것이다. 따라서 일본인의 기원은 무리하게 1만 수천 년 전의 조몬 시대까지 거슬러 올라가지만, 일본이라는 국가의 성립은 7세기 말부터라고 쓰고 있다.

이에 반해 한국 국사 교과서에는 한국이라는 국호가 언제 어디서 기원하는지를 명확히 밝히지 않는다. 최초의 국가인 고조선과 한국이라는 국호의 상관관계는 무엇인가? 같은 것인가 다른 것인가? 그리고 고조선이 한국 최초의 국가라고 말할 수 있는 증거는 무엇인가? 고조선 건국의 역사를 단군 신화로 설명할 수는 없다. 고구려와 신라는 각기 나름의 건국 신화를 가진다. 이런 건국 신화가 각 국가의 기원을 상징적인 방식으로 설명한다면, 고구려와 신라가 같은 민족이라는 것을 어떻게 증명할 수 있는가?[55]

일본 교과서는 토기 문화를 코드로 해서 일본이라는 국호가 나오기 이전의 역사를 기원전 4세기경까지는 조몬 시대 그리고 그로부터 기원후 3세기경까지는 야요이 시대라고 지칭한다. 이에 반해, 한국 국사 교과서는 기원전 4세기에 이미 고조선이라는 우리나라 최초의 국가가 성립했다고 기술한다.

이렇게 한국 국사 교과서가 국가의 형성시기를 일본보다 훨씬 빠른 것으로 기술하는 이유는 무엇일까? 일차적으로는 실제 역사가 그렇기 때문이기도 하겠지만, 민족주의 메타담론이 강하게 작용한 것은 아닌가 의심해볼 수도 있다. 일본과는 달리 한국은 외세에 의해 지배받은 역사를 갖고 있다. 한국사의 범주를 한민족이 형성한 (왕조)국가의 역사로 규정하는 국사는 이 치욕의 역사를 배제한다.

이렇게 한국사를 우리 민족이 주도하는 국가의 역사로 환원할 때, 한국사의 공백이 생겨날 수밖에 없다. 멀게는 고조선 멸망 후의 한사군 시기가 그러하고, 가까이는 일제 식민지시대가 한국사의 범주에서 문제가 된다. 일제 식민지의 역사를 민족경제의 수탈과 독립투쟁의 역사로만 파악하는 국사 교과서는 식민지시대에 일상생활과 문화의 차원에서 일어났던 이른바 '식민근대성'의 현상들을 한국사에서 제외시켰다.

국가가 없는 상태에서 국사란 현실이 아닌 당위였다. 이러한 당위로부터 민족을 역사의 주체로 설정하는 민족주의 역사학이 성립했다. 일제에 의해 주권을 상실한 상태에서 국가의 부재를 민족이라는 '상상의 정치적 공동체'를 통해 보상하고자 하는 열망이 민족주의로 집결됨으로써, 민족주의 역사학에 의한 국사 만들기 작업이 본격화됐다. 비록 국가라는 실체는 없어도 민족은 면면히 이어져왔다는 민족주의 사관에 의해 한국사의 전 시기를 국가의 역사로 파악하는 국사가 만들어졌다. 그리고 이에 따라 고조선을 최초의 국가로 해서 한국사의 이야기를 시작하는 네러티브가 역사적 정통성을 획득했다.

나는 21세기 동북아시대 또는 세계화시대에 적합한 한국사 서술과 역사 교육의 새로운 패러다임을 모색하기 위한 전제조건은 이런 국사라는 네러티브의 해체이며, 이는 두 가지 방향으로 시도돼야 한다고 생각한다. 첫 번째, 한국사를 우리 민족이 걸어온 발자취이자 기록으로 정의할 것이 아니라 현재 한국인으로서 자기 정체성의 재발견을 목표로 해서 서술해야 한다. 이런 식으로 한국사를 재구성할 때, 한국인의 정체성 코드를 전유했던 민족은 점차로 시민으로 바뀌게 됨으로써, 역사 교육의 목표도 자연스럽게 민족 교육에서 시민 교육으로 전환되어 나갈 것이다.

두 번째, 자국사 서술을 일국사적으로 하는 국사의 시각에서 탈피하여 한국사의 인식 지평을 동아시아와 세계로 넓혀야 한다. 그 시작부터 중국과 일본의 역사와 분리해서 전개되지 않았던 한국사를 일국사적인 국사로 환원하는 것은 인식의 결핍을 초래한다. 그럼 다음으로 이 두 가지 문제를 집중적으로 논의해보고자 한다.

역사 교육의 목표: 민족 교육에서 시민 교육으로

나는 한국 국사 교과서의 잘못된 점만을 지적하고, 일본 역사 교과서의 잘된 점만을 집중적으로 부각시켰다. 노파심에서 말하면, 이런 비교의 목적은 일본사 역사 교과서의 문제점을 상대화하거나 희석시키는 것이 아니라 일본 역사 교과서를 우리 역사 교육의 반면교사로 삼기 위해서다. 일본 역사 교과서가 담고 있는 구체적인 역사지식, 곧 역사적 사실의 왜곡에 대해서는 여러 심포지엄을 통해 이미 충분히 논의됐고 밝혀졌다. 일본 역사 교과서를 해부하는 데 한국 역사학계의 역량을 총동원해서 벌였던 일련의 심포지엄들을 지켜보면서 나는 상대적으로 그동안 우리 국사 교과서의 서술 내용과 형식의 문제점을 분석하는 데에는 얼마만큼의 노력과 관심을 기울였는지를 반성해보았다.

남의 눈 속에 있는 티끌을 보고 내 눈 속의 대들보는 보지 못하는 것이 오늘 한국 역사 교육의 현주소는 아닌지? 우리 학생들에게 저들은 '아니다'라고 말하는 것으로 우리의 '이다'를 가르칠 수는 없다. 문제는 일본이 아니라 우리의 역사 교육이다. 한국에서 역사 교육의 정체성은 아직까지 불완전하다. 역사란 과거의 사례를 통해서 현재를 사는 사람들을 가르치는 교육적인 기능을 담당하는 것으로 그 존재 의미를 갖기 때문에, 역사학은 기본적으로 역사 교육을 목적으로 해서 성립한다. 그럼에도 역사의 전문화가 진전되면 될수록 역사 교육이 역사학의 식민지로 전락하는 경향이 생겨났다. 한국에서 이런 경향성은 더욱 두드러진다.

어떻게 전문적인 역사 지식을 생산할 것인가 하는 역사학의 문제와 역사 지식을 어떻게 교육적으로 소비하느냐 하는 역사 교육의 영역은 분리돼야 한다. 그리고 이 같은 전제 위에서 일본의 역사 교과서에 대한 분석이 이뤄져야 함에도 불구하고 그에 대한 비판과 해부는 역사 연구자들의 주도에 의해 주로 역사적 사실의 왜곡만을 집중적으로 부각시키는 방향으로 나아갔다. 그 결과 일본 역사 교과서가 담고 있는 역사 지식의 편향성만을 지적하는 데 만족하고, 그들의 역사 교육론 자체에 대한 분석은 미흡했다. 나는 일본 역사 교과서의 서술 내용보다는 서술 형식을 한국 국사 교과서와 비교해서 살펴봄으로써 한국 역사 교육의 문제점들을 진단해보고자 한다.

일본 역사 교과서 문제가 터질 때마다 정치권과 언론은 역사 교육을 강화해야 한다는 말을 수없이 해왔지만, 7차 교육과정을 통해서 제도권 역사 교육은 오히려 약화됐다. 하지만 이제는 역사 교육 강화가 더 이상 공염불로 끝나서는 안 된다. 그러기 위해서는 밖으로는 역사 과목을 독립시키는 방향으로 교육 과정의 개편을 요구함과 동시에, 안으로는 기존의 역사 교육 방식에 대한 철저한 반성이 있어야 한다. 외부의 충격에 대한 반작용으로 역사 교육 강화를 외칠 것이 아니라 내적 역량을 집결시키는 방향으로 역사 교육을 개혁해야 한다.

구체적인 방안으로 역사에 대한 지식을 수동적으로 전달받게 만드는 종래의 주입식 학습방법을 지양하고, 역사에 대한 담론을 학생들 스스로가 능동적으로 생산할 수 있는 탐구학습으로 방향전환을 꾀해야 한다. 이를 위해서는 먼저 역사를 사실이 아니라 담론으로 가르치는 역사 교육 패러다임의 전환이 필요하다. 역사는 사실이 아니라 해석이다. 왜냐하면 과거가 사실이라면 역사란 그 과거를 파악하는 개념이기 때문이다. 지금까지 한국의 역사 교육은 민족이라는 단 하나의 개념에 의거해서 역사를 파악하는 것을 당연시해왔다.

역사 교육에서 '역사'는 교육의 목적인 동시에 수단이다. "역사적 내용을 가르친다는 측면에서 볼 때는 '역사'가 교육의 목적이지만, 이를 소재로 바람직한 역사적 기능과 태도를 함양시킨다는 측면에서는 교육적 수단이 되기 때문이다."[56] 그런데 한국에서는 주로 수능성적 향상을 목표로 해서 교실에서의 역사 수업이 진행되기 때문에, 전자의 역사 지식 교육에만 치중함으로써 후자의 역사적 사고능력 배양은 뒷전으로 밀려났다.

이 세상에 존재하는 모든 것은 시간 속에서 변화하며, 그래서 모든 것은 역사를 갖는다. 우주의 역사가 말해지고, 시간의 역사뿐만 아니라 옷의 역사, 빵의 역사, 육체의 역사라는 제목을 가진 책이 출간되었다. 하지만 태초부터 역사가 있었던 것은 아니다. 뤼시앵 페브르의 말대로, "문제가 없으면 역사가 없다." 예를 들어 고대와 중세에도 환경오염은 있었지만, 최근 환경문제에 대한 역사의식이 생겨나면서 환경사라는 새로운 역사 서술이 생겨났다. 결국 역사의식이 없다면 역사는 없다. 따라서 역사 교육이란 기본적으로 역사의식을 각성하고 심화시키는 것을 제일 목표로 삼아야 한다.

역사적 지식을 소재로 역사적 사고의 기능과 태도를 함양하는 것이 역사 교육의 기본 목표라고 할 때, 이와 관련해서 한국의 역사 교육은 이중의 문제점을 가진다. 이미 언급했듯이 첫 번째는 주입식 교육에만 치중함으로써 지금 우리가 당면한 문제들에 대해 역사적으로 사고할 수 있는 능력을 배양하는 데 이바지하지 못했다는 것이다. 두 번째는 한국의 역사 교육 과정이 설정한 목표 그 자체에 문제가 있다. 한국의 역사 교육 과정 목표를 미국과 영국의 그것들과 비교해서 살펴보면, 후자의 국가들에서는 역사적 사고 기능historical thinking skill에 중점을 두는 데 비해, 한국은 역사 교육의 태도와 관련된 목표만을 강조한다.[57] 이러한 원인은 어디에서 기인했는가?

역사 교육의 궁극적인 목표는 넓게는 인간 교육이고 좁게는 시민 교육이다. 하지만 한국의 역사 교육 특히 국사 교육은 우리 민족 삶의 총체인 우리 역사를 종합적으로 파악해서 민족 정체성을 함양한다는 당위론적인 태도를 고취하는 것을 목표로 삼았다. 이에 비해 역사적 사고 기능에 중점을 둔 역사 교육이란 "과거, 현재, 미래를 차별화하고, 문제를 제기하고 증거를 찾고 평가하며, 과거 사료를 비교 분석하고, 역사적 내러티브를 구성"[58]하는, 한마디로 탐구학습 위주의 역사 교육 패러다임을 지향하는 것을 의미한다.

인간에 관한 모든 것이 역사이기 때문에, 역사적 사고의 대상은 인간에 관한 모든 것을 포괄한다. 폴 벤느에 따르면, 헤로도토스 이래로 역사는 두 가지 원형으로 환원될 수 있다. 첫 번째 원형이 "이 행위는 우리 기억 속에 살아 있을 만한 가치가 있다"는 것이라면, 두 번째 원형은 "인간은 서로 다르다"는 것이다. 헤로도토스는 《역사》 첫 문장에서 기억을 위해 역사를 쓴다고 했다. 하지만 폴 벤느가 주목하는 것은 첫 번째가 아닌 두 번째 원형이다. 헤로도토스는 여행을 통해, 이집트에서 여자들은 서서 오줌을 누지만 남자들은 쭈그려 앉아 오줌을 누는 것처럼, 특정한 시공간에서 "민족들은 서로 다르다"는 사실을 깨닫고, 이것을 역사로서 기록했다.[59]

역사를 통해 탐구하는 인간이란 시간과 공간의 차이를 초월해서 존재하는 보편적인 인류가 아니라 특정 시간과 공간 속에서 다른 삶을 살았던 구체적인 인간들이다. 인간을 역사적으로 탐구한다는 역사학의 기본 정신은 이러한 인류학적 태도에 근거한다. 하지만 근대 국가에 의해 제도화된 역사 교육은 다른 시간과 공간 속에서 다른 삶을 영유했던 인간들을 하나의 민족 내지는 국민으로 환원해서 정체지우는 것을 목표로 삼았다. 역사 연구 또한 이러한 국민국가의 제도적 틀 안에서 수행됨으로써 부르크하르트의 말처럼 모든 연구의 출발점을 이루는 "유일하게 지속적인, 우리에게 가능한 중심점인, 과거에도 현재에도 미래에도 그러할 것인 인내하고 노력하며 행동하는 인간"이 역사로부터 소외되는 결과를 초래했다.[60] 나는 역사에서 이러한 인간의 상실이 오늘날 역사학 위기의 근본 원인이고, 역사 교육이 국가 간 역사전쟁의 불씨가 되는 근본

요인이라고 생각한다.

 흔히 역사란 현재와 과거의 대화라고 정의한다. 이렇듯 현재와 과거가 대화를 하는 목적은 크게 두 가지이다. 첫째는 현재 우리 삶의 뿌리를 찾고자 하는 노력, 곧 현재와 과거의 연속성을 탐구하는 것이다. 둘째는 과거와의 대비로 현재를 낯설게 만드는 효과를 통해서 현재와 과거의 차이 내지는 불연속성을 인식시켜 우리 삶을 성찰하도록 만드는 것이다. 하지만 한국 국사 교과서와 일본 역사 교과서를 모두 민족이라는 현재의 자기정체성의 기원을 찾는 방식으로 역사를 서술하기 때문에 '기원의 망상'에 빠져 있다.
 이처럼 거의 모든 국가가 역사 교육의 목표를 국민적 정체성을 함양하는 것에 두게 되면, 국가들 사이의 역사분쟁은 필연적으로 일어날 수밖에 없다. 이런 분쟁을 해소할 수 있는 방안이 역사 교육의 목표를 민족 정체성 교육에서 시민 정체성 교육으로 바꾸는 것이다.
 이처럼 역사 교육의 목표가 민족 교육에서 시민 교육으로 수정될 때, 밖으로는 일본 우익 역사 교과서 채택을 저지하기 위해 벌이는 운동에서처럼 민족의 경계를 넘어서는 국제적인 시민 연대가 가능할 수 있다. 그리고 안으로는 교과서 서술 주체와 관점이 민족이 아닌 시민으로 바뀜으로써, 역사 교육의 담론적 전환을 실현할 수 있다. 민족적 정체성은 오직 통일성만을 강조함으로써 패쇄적인 역사 담론만을 생산해내지만, 시민적 정체성은 다양성을 전제로 해서 열린 역사 담론으로 나아갈 수 있다. 하나의 정치 공동체에서 정체성의 코드는 민족이라는 단수가 아니라 성, 계급, 지역 그리고 세대와 같은 복수가 되어야 한다.

역사 교육이 지식 교육에서 담론 교육으로 방향전환을 하기 위해 가장 먼저 개선되어야 할 것은 역사 교과서의 서술체계다. 이 점에 있어서도 일본 교과서는 한국 교과서의 거울이 될 수 있다. 일본 교과서는 서술을 자기 주변의 역사를 조사하는 것으로 시작해서 일본사의 정체성과 나아갈 방향에 대한 문제제기로 끝을 맺는다. 다시 말해 나로부터 출발해서 내가 사는 지역을 경유하고 민족과 국가로 역사의 외연을 확장시키는 방식으로 서술했다.

후쇼샤 교과서는 이러한 '역사하기doing history'를 학생들 스스로가 실행하도록 만들기 위해 3가지 수업방식을 도입했다. 첫째는 주변의 역사를 조사하는 것으로 시작해서 사물의 기원을 탐구하도록 이끌었다. 주변지역의 현재와 과거의 사진을 비교해보도록 함으로써 학생들 스스로가 현재와 과거의 대화의 주체가 될 수 있도록 유도했다. 둘째는 '인류의 역사', '건물의 역사'와 같은 추상적인 대상이 아닌 우선 본인이 일상생활에서 가장 관심을 갖고 있는 구체적인 대상을 역사 연구의 테마로 정해서 그에 대한 역사를 발표하도록 주문했다. 셋째로 지역의 역사를 주제로 신문을 만드는 과제를 냄으로써 지방사와 국가사 그리고 더 나아가 세계사와의 연관성을 스스로 추적해보는 경험을 갖도록 했다.[61]

이런 일본 교과서와 비교해볼 때 한국 국사 교과서는 어떠한가? 국사 교과서의 플롯은 우리 민족의 기원을 확인하는 것으로 출발하여 우리 민족의 정신과 실체를 밝히는 것으로 시종일관하다가, 마지막 장 〈단원종합 수행과제〉에 이르러서야 비로소 '우리 고장의 역사 알아보기'가 나온다. 다시 말해 한국교과서는 민족이라는 거대 담론에 입각한 역사 서술로 일관하다가 끝에 가서야 현대사의 흐름과 관련해서 지역사적인 문제의식을 갖게 한다. 우리 고장의 역사 연표를 작성하고 집안 어른의 경험담을 듣고, 우리 고장에서 있었던 일과 관련하여 나와 우리 가족이 겪었던 일들을 조사하라는 과제를 내는 것으로 국사 교과서의 서술이 종결된다.

이상한 일은 한국 교과서는 왜 현대사에 이르러서야 비로소 지방사와 가족사와의 연계 속에서 한국사를 생각해볼 것을 학생들에게 요구하는가이다. 학생들이 거주하는 해당 지역에 고구려, 백제, 신라의 유적지가 있을 것이며, 비록 교과서의 공식 역사로는 기록되지 않았지만 각 지방마다 전해 내려오는 설화적인 역사와 민간전설을 담고 있는 사적지가 있을 것이다.

한국 국사 교과서는 매우 중앙 중심적으로 서술되었다. 왕조사 중심의 서술방식이 일차적인 원인일 수 있지만, 무엇보다도 한국사의 주체를 민족이라는 거대 담론으로 설정하기 때문에 국사라는 대문자 역사History에 의해 소문자 역사들histories을 위한 공간이 상실되었다. 대문자 역사에 의한 소문자 역사들의 식민지화가 계속되는 한, 학생들 각자를 나름대로의 역사가로 만든다는 역사 교육 목표의 달성은 요원하다.

한국의 국사 교육이 얼마나 추상적인가는 심화과정의 문제들에서 가장 잘 나타난다. 현장에서 수업을 담당하는 고등학교 교사의 언급대로, "한국 교과서의 심화학습은 연구자가 미처 전달하지 못한 내용을 서술한 느낌을 갖는 데 비해 일본의 교과서는 학습자 중심의 서술체계를 갖고 있다고 할 수 있다."[62] 그 결과 민족의 정체성이라는 당위론적인 목표를 갖고 서술된 한국 교과서에 나타난 삼국시대, 고려 그리고 조선왕조로 이어지는 한국사는 지금 나의 삶과는 유리된 먼 과거의 이야기로만 여겨질 뿐이다. 그래서 학생들이 실제로 과거의 사람들과 만나 느끼고 대화를 나누는 경험을 하는 곳은 역사 교과서가 아닌 TV사극이나 역사소설이다.

이와 관련해서 한 가지를 더 언급하면, 한국 교과서에는 사람이나 인간이라는 단어는 거의 없고, 대신 민족과 우리라는 말이 그 단어들을 대체한다. 이에 반해 일본의 한 고등학교 교과서는 "역사의 배경에는 사람의 의지와 바람이 있다"는 것을 강조하면서 다음과 같이 썼다. "이 책이 인물 기술에 중점을 두고 있는 것은 역사상의 인물이 지녔던 뜻을 회상하고, 후세에 자기의 뜻을 남기는 것이 지니는 의의를 과거의 인물이 살아간 모습을 통해 느꼈으면 하는 바람 때문이며, 이 책을 통해 역사를 배우는 한 사람 한 사람이 역사 속의 인물과 만나고, 그 마음을 추억하는 사이에 역사를 보는 기회와 인연을 잡아주었으면 하고 희망하기 때문이다."[63]

먼 과거를 죽은 역사가 아닌 살아 있는 현재라는 것을 학생들에게 깨닫게 하기 위해서 한국 국사 교과서는 무엇보다도 먼저 역사적 사고의 공간을 민족으로 고정시키는 것을 지양하고 지역과 나로 축소시켜서 서술할 필요가 있다. 하지만 이렇게 역사적 사유 공간을 선험적인 민족이 아닌 나와 지역으로 축소하는 것이 역사 교육의 궁극적인 지향점일 수는 없다. 이는 결국 역사적 사고의 지평을 공간적으로 그리고 시간적으로 확대해서 한국사를 재구성하기 위한 동심원적인 출발점이다.

먼저 공간적으로 한국사의 문제 범위는 전근대에서는 동아시아, 근현대에서는 그야말로 세계로 확대됐다. 그렇다면 한국사 서술도 이런 역사의 문제 범위를 염두에 두고 이뤄져야 하며, 역사 교육 또한 그런 '탈국사적' 맥락 속에서 역사적 사고를 할 수 있는 능력을 고양시키는 방향으로 나아가야 한다.

그리고 시간적으로 민족이라는 초역사적 실체로 역사적 시점을 고정시킬 것이 아니라, 현재의 문제의식을 갖고 과거에서 미래로 역사 인식의 지평을 넓혀야 한다. 과거가 미래의 발목을 잡아서는 안 된다는 생각을 갖고 역사 문제를 풀려는 자세를 가져야 한다.

금성출판사 발행 한국 근현대사 교과서를 둘러싸고 벌어진 이념 논쟁은 우리 안의 민족이 본격적인 분열을 일으키고 있다는 징조를 보여준다. 이 논쟁은 민족이라는 하나의 코드에 의거해서 역사 교과서를 쓰는 것이 불가능해진 현실을 반영한다. 현장 교육에서 가장 많이 채택되는 한국 근현대사 교과서가 대한민국의 정체성을 부정하는 좌파 교과서라는 공격과 함께, 우파의 입장을 대변하는 대안 교과서를 쓰고자 하는 모임이 결성됨으로써 역사 교과서를 둘러싼 내전은 앞으로 더 격렬히 일어날 전망이다.

재미있는 현상은 북한의 역사를 한국사의 범주에서 제외시킬 것을 주장하는 우파의 역사 담론은 민족주의 대신에 국가주의에 입각해서 국사를 정의한다는 사실이다. 이제는 머지않아 민족 대신에 대한민국이라는 국가를 주체로 하는 거대 역사 담론으로서 새로운 국사 교과서가 출간될 전망이다. 그렇다면 한국 우익의 새국사교과서와 일본 우익의 새역사교과서는 각각의 국가주의를 대변한다는 현상적인 차이를 넘어 '적대적 공범관계'를 형성하는 것은 아닌지 지켜볼 노릇이다.

이제는 국제전과 내전의 복잡한 형태로 역사의 담론적 투쟁이 전개되는 단계에 도달했다. 이러한 새로운 상황에 직면해서 우리는 민족 교육을 목표로 하는 국사 교육이 이미 한계지점에 도달했다는 것을 깨닫고, 세계화시대를 맞이해서 대한민국이라는 공화국의 시민 교육을 어떻게 할 것인가로 역사 교육의 방향전환을 모색해야 한다.

점점 분명해지는 사실은 국내외적으로 역사 교과서를 둘러싼 정치적 이념 논쟁을 피할 수 없게 되었다는 점이다. 이는 결국 지금 우리가 누구인가의 정체성identity에 관한 논쟁이며, 21세기 한반도가 나아갈 방향orientation을 둘러싸고 벌이는 역사의 담론투쟁이다. 이제는 원하든 원하지 않든 객관적 역사를 선험적으로 전제하고 위로부터 주입식 역사 교육을 하는 것이 불가능한 상황이 되었다. 이러한 포스트모던 상황에서 누가 역사 교육의 담론적 헤게모니를 잡느냐의 싸움이 본격적으로 일어날 전망이다.

정치가들이 정파적 이해관계에 따라 역사 교과서를 정치적 쟁점으로 삼기 때문에 이제는 역사 교육조차도 정치적 논쟁으로부터 자유로울 수 없는 지경에 이르게 됐다. 이러한 역사 교육의 정치화는 단기적으로는 자유로운 학문적 연구를 저해한다는 부정적인 효과를 초래한다. 하지만 장기적으로는 교과서라는 정전을 매개로 이루어진 종래의 지식전달 위주의 역사 교육 패러다임을 바꿀 수 있는 전기가 마련될 수 있다.

왜 한국의 모든 학생이 하나의 관점으로 씌어진 역사 교과서로 교육을 받아야 하는가? 한국에 사는 모든 사람들이 공감할 수 있는 단 하나의 역사 교과서를 만든다는 것이 불가능한 상황에서, 국가가 역사 담론을 지배하는 국정 교과서 체제는 폐지돼야 마땅하다. 한국사를 둘러싼 역사의 담론적 투쟁이 본격적으로 벌어져야 하고, 역사 교과서는 학생들 스스로가 그런 역사 담론투쟁에 능동적으로 참여할 수 있는 능력을 배양하는 도구 상자로서의 역할을 하는 것으로 만족해야 한다.

한국사의 범주: 국사에서 역사로

현행 역사학의 분류체계는 공간과 시간의 두 축으로 짜여졌다. 먼저 공간 축으로는 한국사, 동양사, 서양사 그리고 시간 축으로는 고대사, 중세사, 근대사, 현대사로 분류된다. 그 다음 다시 공간과 시간이 서로 엮여서 한국사, 동양사, 서양사는 각각 한국 고·중·근·현대사, 동양 고·중·근·현대사, 서양 고·중·근·현대사의 시대사로 전공 분야를 형성한다. 하지만 이 가운데 자국사로서 한국사는 특별한 위치를 차지해 국사로 불린다.

그런데 문제는 어떤 근거로 이 같은 분류법이 생겨났는가다. 이러한 분류법이 전공 영역을 갈라 역사 문제에 총체적으로 접근하는 것을 막는 장애가 된다면, 무엇을 위한 분류인가 부터 성찰해볼 필요가 있다. 역사학 분류체계에 대한 '지식의 고고학'은 역사 지식과 권력 사이의 유착관계를 밝히는 데 도움을 준다.

고·중·근·현대사라는 시대 구분 자체가 자의적일 뿐만 아니라 서구 중심주의라는 비판을 면치 못한다. 또한 한국사, 동양사, 서양사의 3분법은 전 세계 역사학에서 통용되는 구분 법이 아닌 일제식민지 역사학의 유산이다. 역사를 국사, 동양사, 서양사로 분류하는 역사학 전통은 우리처럼 고대나 중세의 역사를 가진 유럽에는 없고, 오직 근현대사만을 가진 미국만이 미국사와 세계사로 이원화된 중등교과서를 갖고 있을 뿐이다.

근대 일본이 역사를 국사인 일본사와 동양사 및 서양사로 제도화했던 사학사적 맥락에는 제국주의와 오리엔탈리즘의 시각이 있었다. 일제는 일본사의 목표를 일본의 국가 정체성을 확립하는 것으로 설정했고, 아시아를 일본의 식민지로 만들 목적으로 동양사학을 제도화했으며, 일본이 모방해야 할 역사의 대상으로서 서양사라는 분과를 만들었다.[64]

한국 대학의 현행 사학과 체제는 이런 일본대학의 체제를 답습해서 정립됐다. 해방과 더불어 단지 국사가 일본사에서 한국사로 바뀌고 일본사가 동양사로 이동함으로써 한국 대학의 사학과 체제가 정착됐다.[65] 따라서 지금까지 대학 연구자들이 국사, 동양사, 서양사 영역을 신성불가침한 각자의 영토로 고수하는 것은 학문의 식민지성을 여전히 탈피하지 못하고 있다는 증거다.

오늘날 우리가 살고 있는 시대는 동북아 또는 세계화시대로 불린다. 동북아 또는 세계화 시대에 역사 문제는 국사, 동양사, 서양사로 나뉘어 나타나지 않고 복합적으로 얽혀있다. 지구촌이라 할 만큼 세계가 하나의 역사 공동체를 형성하고 있는 이 시대에 민족을 역사의 선험적 범주로 설정하는 국사란 국민을 '우물 안 개구리'로 만들 수 있다. 따라서 한국 역사학은 국사를 넘어서 한국사를 어떻게 쓸 것이며, 또 동북아 또는 세계화시대에 걸맞는 역사 교육을 어떻게 할 것인가를 화두로 삼아야한다.

오늘의 한국사 서술과 역사 교육은 문제사적인 전환이 요청된다. 한반도를 둘러싼 역사 문제들을 중심으로 한국사 서술과 역사 교육의 방향이 재조정될 때, 역사학과 역사 교육의 위기가 해소될 수 있을 뿐만 아니라 "우리 역사를 삶의 과정으로 이해하여 새 문화 창조와 사회 발전에 능동적으로 참여하여 기여할 수 있기를 바란다"[66]는 현행 국사 교육의 목표가 진정으로 달성될 수 있다.

"모든 역사는 현재의 역사다"라는 문제의식으로 역사 교과서를 재구성하는 것과 관련해서 일본 후쇼사 발행 역사 교과서는 우리에게 여러 시사점을 제공한다. 모든 역사는 시작과 끝을 가진 하나의 네러티브다. 역사 교과서 역시 이런 구조를 가진다. 일본 후쇼사 교과서는 〈역사를 배운다는 것〉으로 이야기를 시작해서 〈역사를 배우고〉로 끝을 맺는다. 맺음말인 〈역사를 배우고〉는 일본사 특징을 다음과 같이 정리했다. "지금 일본역사 학습을 끝낸 여러분은 일본인이 외국의 문화를 배우는 데 얼마나 열심이며 겸허한 민족인지를 알았을 것이다."[67] 이 교과서는 끊임없이 외국의 선진 문화를 받아들여 일본만의 독창적인 개성을 살리면서도 세계에 통용되는 보편적인 매력을 가진 문화를 창조했다는 것으로 일본사의 정체성을 특징 짓고 있다.

전근대에는 중국이 그리고 근대에는 서양이 일본의 모범이었다. "그러나 최근 반세기 동안은 반드시 그렇다고 할 수 없는 시대"가 도래했다는 것이 일본사의 정체성 위기를 초래한 원인이라는 것이다. 새역사교과서는 이런 일본사의 정체성 위기 극복을 목표로 해서 집필되었다는 점을 분명히 밝혔다. 이 교과서에 따르면, 2차 세계대전에서의 패망 이후 일본사는 다음 두 가지 이유 때문에 방향 상실의 위기에 빠졌다.

첫 번째는 국제적 요인으로 이제는 더 이상 일본이 모범으로 삼을 만한 외국 문명이 없다는 것이며, 두 번째는 국내적 요인으로 세계 유수의 경제대국이 됐음에도 불구하고 패전의 상처 때문에 여전히 자기 역사에 대한 자신감을 되찾지 못하고 있다는 것이다.[68] 이러한 자기진단은 전적으로 우파적인 관점과 문제의식으로 일본사를 보는 것이기 때문에 문제의 소지가 많다.

20세기 동아시아 역사의 불행이 일본의 제국주의적 침략에 의해 초래됐다는 것에 대한 자기반성 없이 평화헌법의 개정을 통해서 일본이 다시 보통 국가가 되어 군사 대국화로 나아가야 한다는 주장은 우리나라뿐만 아니라 주변국에게 정말 우려스러운 일이 아닐 수 없다. 과거의 잘못을 뉘우치지 않는 민족은 그 잘못을 다시 반복한다는 역사의 교훈을 외면하고 과거를 미화하는 역사 서술로 일관하는 후쇼사 교과서는 동아시아는 물론 세계 평화를 위협하는 불씨가 될 수 있다. 하지만 이러한 중대한 결함에도 불구하고 내가 중요하게 지적하고 싶은 것은 이 교과서가 담고 있는 일본사에 대한 고뇌와 그러한 현재의 문제의식을 반영해하는 역사 교육의 구체적인 방법론이다.

무엇보다도 한국 중학교 국사 교과서와 일본 중학교 역사 교과서의 마지막 문장은 두 나라의 자국사에 대한 인식의 지평과 문제의식의 수준을 대조적으로 잘 보여준다. 한국 중학교 국사 교과서는 "2000년 6월에는 김대중 대통령이 평양을 방문하여 남북 정상 회담이 개최되었다. 이 자리에서 남북 정상은 우리 민족의 통일 문제를 자주적으로 해결하기로 합의하는 6·15 남북공동선언을 발표하였다"[69]로 끝을 맺는다. 이는 교과서 머리말의 마지막 문장인 "오늘의 역사적 과제인 조국의 통일과 민족의 번영, 그리고 세계 속의 새로운 한국 건설에 이바지하는 일꾼이 되도록 노력해야 할 것이다"에 충실한 서술이다.

이와 비교해서 2005년 발행 후쇼사 중학교 역사 교과서의 마지막 장 제목은 〈공산주의 붕괴 후의 세계와 일본의 역할〉이다. 여기서는 먼저 베를린 장벽의 붕괴를 통해 극적으로 나타난 냉전의 종결이라는 세계사적 상황과 쇼아 천황이 서거하고 아키히토 친왕이 즉위함으로써 새로운 연호가 헤이세이로 정해졌다는 자국사적인 변화에 대해 서술했다. 그리고 이러한 새로운 변화에 직면해서 앞으로 일본이 나아갈 길을 '국제사회에서의 일본의 역할' 이라는 마지막 항목에서 전망했다.

걸프전쟁에서 일본은 헌법을 이유로 군사행동에 참가하지 않고 거액의 재정원조를 했지만 국제사회는 그것을 평가하지 않았다. 이러한 현실의 모순을 극복하기 위해서는 평화헌법의 개정이 필요하다는 것을 강력히 표현했다. 그 다음 마지막 문장으로 "공산주의 진영의 붕괴에 의해 세계 규모의 전쟁 위험은 사라졌지만, 일부에 공산주의 국가가 남아 있고, 또 민족이나 종교의 대립을 바탕으로 한 지역분쟁도 없어질 것 같지 않다. 이런 와중에 독자적인 문화와 전통을 가진 일본이 자국의 안전을 확실히 확보하면서, 향후 세계의 평화와 번영에 어떻게 공헌해나갈 것인지가 문제이다"라고 썼다.[70]

　한국 교과서는 민족사적인 관점, 곧 국사의 시각에서 한국사의 전망과 과제를 말하지만, 일본 교과서는 '세계 속의 일본사'를 서술하고 있다. 일본이 '탈아입미'로 미래의 방향을 정한 것 같고, 중국이 중화주의를 부활시키고자 하는 야심을 갖고 있다면, 그 중간에 끼어 있는 한반도는 어떤 선택을 해야 하는지가 지금 우리가 당면한 최대의 역사 문제다.

　이 문제와 관련해서 역사적 사고의 실험 대상으로 떠오른 것이 동아시아 또는 동북아공동체다. 한국사의 중요한 문제를 동아시아의 문맥에서 이해하고 푸는 것이 한국사를 관통하는 장기지속의 구조다. 국가 단위로 역사가 씌어지는 현실을 감안하면 자국사를 초월한 동아시아사란 실현 불가능한 것처럼 보인다. 하지만 과거의 경험, 현재의 필요 그리고 미래의 당위가 함께 어우러져서 동아시아 또는 동북아시아라는 지역적 정체성을 만들어내고자 하는 움직임이 한·중·일 지식인들과 정치가들 사이에서 유행처럼 번지고 있는 현재의 경향성에 비추어 생각해볼 때, 국사의 틀을 넘어서는 동아시아사의 관점은 앞으로 한국 역사학이 붙잡고 씨름해야 할 화두다.

　국사에서 동아시아사로 역사의 지평을 넓히기 위해서는 전략적으로 두 단계가 필요하다. 첫 번째는 한일과 한중, 일한과 일중 그리고 중일과 중한의 관계사적인 접점을 찾아서, 이를 기점으로 상호 역사에 대한 '인식의 공유'를 모색하는 것이다. 그리고 두 번째는 이러한 '인식의 공유'를 발판으로 동아시아라는 공통의 역사 지평을 확인함으로써 '문맥의 공유'에 이르는 것이다.

일본 후쇼샤 교과서에 한국인들이 분노하고 반대하는 이유는 그것이 일본사를 넘어서 한국사의 문제이기 때문이다. 《동아시아 속의 한일 2천년사》의 일본인 저자는 "일본이 한국 역사를 어떻게 파악하는지는 일본 스스로 자신의 나라를 어떻게 인식하는가 하는 문제와 밀접한 관련이 있습니다"라고 썼다.[71]

일본 후쇼샤 교과서에 기술된 한국사는 일본인에게는 자신의 역사적 정체성을 비추는 거울이며, 마찬가지로 한국 국사 교과서에 서술된 일본사는 한국인의 역사적 정체성을 비추는 거울이다. 자국사의 정체성을 정립할 목적으로 한국과 일본이 상대방에 대한 역사의 상을 만드는 국사가 존립하는 한, 국가 간의 역사분쟁은 결코 종식될 수 없다. 따라서 유일한 해결책은 동화 백설공주에 나오는 마녀의 거울과 같은 국사를 버리고, 동아시아사라는 공동의 거울을 함께 만드는 일이다.

이를 위해서는 먼저 한일과 한중, 일한과 일중 그리고 중일과 중한 사이 관계사의 1차 방정식부터 풀어야 한다. 그런 다음에야 비로소 한·중·일 역사의 3차 방정식으로 차원을 높여 역사 문제의 문맥을 공유할 수 있는 '상상의 역사 공동체'로서 동아시아에 대한 구체적인 상이 그려질 수 있다. 현단계에서 동아시아란 실재하는 역사 공간이라기보다는 만들어야 할 미래 역사의 기획이다.

오늘날 21세기를 위한 역사적 선택으로 다시 동아시아를 말하는 이유는 무엇인가? 세계화와 국민국가 사이에 처해 있는 현실의 딜레마가 동아시아를 다시 하나의 화두로 떠오르게 하는 것은 아닐까? 세계화가 우리에게 국민국가의 경계를 넘어선 열린 사고와 행동을 요구한다면, 동아시아란 이러한 세계화의 도전에 대한 신지역주의적 응전이다. 물론 현실적으로 한·중·일 삼국은 각기 동아시아 또는 동북아 공동체에 대한 서로 다른 입장을 가질 수 있다. 하지만 20세기에 서구적 근대화에 대한 대항주체로서 발견된 동아시아를 다시 21세기에 서구 주도의 세계화에 대항하기 위한 지역적 정체성으로 부활시킬 필요가 있다는 점에 대해서는 한·중·일 삼국의 많은 지식인들과 정치가들이 공감대를 형성한다.

노무현 대통령은 이전에 '동북아균형자론'을 제시했고, 이에 대한 각 정파 간의 격렬한 논쟁이 있었다. 각 정파는 자신의 주장을 뒷받침하기 위해 각자가 해석한 역사를 논거로 제시했다. 100년 전의 역사적 사실을 어떻게 해석하느냐에 따라 오늘의 '동북아균형자론'의 의미와 무의미가 결정된다. 그런데 아쉽게도 이러한 역사 논쟁에 참여한 역사가들은 별로 없다. 이 논쟁이 주로 정치가와 정치학자에 의해 주도되는 것을 지켜보면서, 나는 역사학과 역사 교육의 위기를 우리가 스스로 자초한 것은 아닌지 반성해보았다.

'동북아균형자론'에 관해서는 일차적으로 지금 우리가 100년 전에 처한 역사적 상황과 같은가 아니면 다른가부터 신중하게 따져봐야 한다. 19세기 말 유길준이 주장한 '중립화론'과 2005년 노 대통령이 제안한 '균형자론' 사이에는 역사적 연속성뿐만 아니라 불연속성이 있다. 100년 전 러시아와 일본 사이에서 조선의 살 길을 중립화로 보았던 고종의 판단은 정말로 실현 불가능한 백일몽에 불과했을까? 마찬가지로 오늘날 대한민국이 북한과 중국을 적으로 규정해서 새로운 냉전적 질서를 구축하고자 하는 미국의 세계전략에 대항해 동북아균형자의 역할을 자처하는 것은 비현실적인 꿈에 불과한 위험한 발상인가? 자신의 정파적 이해관계에 입각해서 이에 대한 섣부른 판단을 내리는 것은 금물이며, 무엇보다도 역사의 긴 안목을 갖고 이 문제에 대해 성찰하는 자세가 필요하다.

이러한 역사적 성찰의 전제는 역사적 사건은 반복하지 않지만 역사적 구조는 변하지 않고 그대로 남아 있다는 점이다. 이러한 움직이지 않는 구조 가운데 하나가 바로 동아시아라는 역사 공간이다. 중국과 일본 사이에 자리 잡고 있다는 한반도의 지정학적 위치가 한국사의 중요한 문제들의 출발점을 이룬다.

일본 우익에게는 한반도가 일본을 위협하는 '흉기'로 보일 수 있지만, 중국에게는 미국과 일본 세력을 막아주는 방파제일 수 있다. 현재 북한이 핵이라는 위험천만한 무기를 갖고 곡예를 벌이면서 그 방파제 역할을 하고 있다. 그렇다면 남한의 선택은 무엇인가? 이에 대한 역사 논쟁이 벌어져야 하고, 이러한 현재의 역사 문제를 반영하는 역사 교과서가 집필되어 이 문제를 고뇌하는 역사 교육이 이뤄져야 한다.

'동북아균형자론'이 이른바 '탈미접중脫美接中'으로 이해됨으로써 논쟁이 촉발됐다. 동아시아 또는 동북아시아라는 같은 배를 타고 있는 한·중·일 삼국이 동상이몽을 하는 상황 속에서 한국이 과연 균형자 역할을 할 만큼의 국력을 가졌는가에 대한 회의와 함께 이에 대한 격렬한 비판이 가해졌다. 이러한 비판의 논거 역시 100년 동안의 한반도 상황에 대한 주관적인 역사 해석이다.

100년 전 대한제국과 지금의 대한민국의 위상을 단순 비교해서는 안 된다. 또 100년 전 테프트 카츠라 밀약을 통해 일본에게 한국 병합을 승인해준 미국과 오늘의 미국이 본질적으로 얼마나 다른지도 숙고해볼 문제이다. '동북아균형자론'을 둘러싼 역사 해석에 정답은 없다. 비록 있다고 해도 지금의 우리는 알지 못한다. 중요한 점은 미국은 우리에게 무엇인가가 아니라 우리가 주체적으로 무엇을 하느냐. 오늘의 역사 연구와 역사 교육은 무엇보다도 이러한 현실 문제에 대한 역사적 성찰을 학생들 스스로가 할 수 있는 사고능력을 배양하는 방향으로 재정립돼야 한다.

현실의 문제는 계속해서 변하는데, 역사적 교훈은 언제나 과거의 것이라는 점이 역사적 사고의 한계다. 하지만 역설적으로 이렇게 "인간과 세계에 대한 모든 가치가 시간 속에서 역사화"된다는 이른바 역사주의 문제가 역사적 사고의 심오함의 원천이면서 동시에 역사 공부를 재미있게 만드는 요인이다.[72]

종래의 역사 교육 방식이 학생들에게 물고기를 잡아주는 teaching history였다면, 이제는 학생들에게 물고기 잡는 법을 가르쳐주는 doing history로 패러다임을 전환해야 한다. 이전의 역사 교육이 정답을 전제로 하고 학생들을 가르쳤다면, 이제는 "모든 것은 역사적이기 때문에 역사는 없다"는 전제하에 학생들 스스로 역사로서 역사를 넘어서는 능력을 배양하는 방향으로 나가야 한다. 요컨대 과거로부터 배울 뿐만 아니라 과거를 넘어설 수 있는 역사에 대한 비판적 사고능력을 학생들에게 배양시키는 것을 목표로 역사 교육이 강화돼야 한다.

학생들이 스스로 역사를 사고하고 탐구할 수 있는 새로운 역사 교육 패러다임의 정립을 위해서는 위에서 이미 언급했듯이 무엇보다도 먼저 종래의 역사 지식 교육에서 역사 담론 교육으로 방향전환을 꾀해야 한다. 교과서를 매개로 역사 지식 교육 위주로 진행되는 현장 수업의 설계는 오직 수업 내용만 중시되고 수업 목표에 대한 성찰은 거의 생략됐다. 그 결과 역사를 배우는 목적이 수능시험에서 높은 점수를 받는 것으로 변질됨으로써 삶과 유리된 역사 교육이 됐다. 따라서 오늘날 역사학과 역사 교육의 위기가 발생한 근본 원인은 '생의 교사'로서의 본래 역할을 제대로 수행하지 못한 점에 있다.

과거에 대한 죽은 지식이 아니라 현재 살아 있는 역사를 교육할 수 있는 수업 모형 가운데 하나가 역할극role play이다.[73] 국내 어느 일간지의 사설은 '동북아균형자론'을 주제로 해서 '역사의 대화'를 시뮬레이션 했다. 사설은 "김법민(문무왕), 이혼(광해군), 유길준, 노무현이 2005년 4월 굽이치는 역사의 강에서 만나 대화를 나눴다"로 시작한다.[74]

이러한 역사의 대화를 학생들이 스스로 조사하고 탐구해서 한다면, 정말로 살아 있는 역사 수업이 될 것이다. 현행 중·고등학교 국사 교과서가 오히려 학생들의 역사적 사고를 가두는 감옥인지도 모른다. 교과서가 담고 있는 내용만을 배워서 암기하는 학생들은 현재적 문제의식으로 역사에 대해 사고하는 기술을 습득하지 못한다. 역사 문제가 현실의 문제이면서 동시에 자기 문제라는 의식이 없이 진행되는 역사 수업은 죽은 교육이다.

위와 같은 역할극을 통해서 교과서 위주의 역사 수업에서는 얻지 못하는 적어도 다음과 같은 중요한 3가지 효과가 얻어질 수 있다. 첫 번째로 시간과 공간을 넘나들면서 벌이는 역사의 가상 대화는 통사적으로 서술된 교과서를 통해서는 불가능한 문제사적인 접근을 가능하게 한다. 문무왕, 광해군, 유길준 그리고 노무현은 비록 각기 다른 역사적 환경에서 다른 시대를 살았지만 주변의 강대국 사이에서 역사적 선택을 해야 하는 한반도의 운명을 공통으로 짊어진 인물들이다. 현실에서는 전혀 불가능한 이들의 만남을 연출할 수 있다는 점이 역사의 재미며, 또 이를 통해서 현재의 문제를 다각도로 살펴볼 수 있는 역사적 안목을 키워준다는 점이 바로 역사의 유용함이다.

두 번째로 이런 식의 가상 대화를 통해서 국사의 틀에서 벗어나 '세계 속의 한국사'의 시각을 가질 수 있다는 점이 중요하다. 7차 교육 과정에서도 이미 한국사의 세계사적 관점과의 연관성이 크게 강조됐다.[75] 하지만 국사 교과서의 실제 서술에서는 그 연관성이 별로 나타나 있지 않다. 단지 3장 〈통치 구조와 정치활동〉의 소단원 '고대정치', '중세의 정치', '근세의 정치' 그리고 '정치상황의 변동'에 대한 서술의 도입부에서 한두 쪽 분량으로 해당 시대 동안 일어났던 동아시아와 서양사의 변화들이 소략하게 설명되어 있다.

과연 이런 식의 간략한 병렬적인 서술로 한국사의 세계사적인 연관성이 파악될까? 그리고 왜 정치사에서만 세계사적 상황이 기술되고, 그 이외 경제, 사회, 문화 그리고 더 중요하게는 진정한 의미에서 세계화가 관철되는 〈근현대사의 흐름〉 장에서는 동아시아와 세계사의 흐름에 대한 서술이 완전히 생략됐는가? 이런 식으로는 고등학교 국사 교과서의 1장 〈한국사의 바른 이해〉에서 목표로 제시한 세계사적인 보편성 속에서 한국사적인 특수성을 균형 있게 파악하는 것이 불가능하다.

7차 교육 과정에 따른 역사 교육의 가장 심각한 문제는 중학교 국사는 독립 교과서로 가르쳐지지만 세계사는 사회 교과서에 포함됨으로써 동아시아사 내지는 세계사와의 연관성 속에서 한국사를 볼 수 있는 여지가 구조적으로 차단됐다는 점이다. 이에 비해 일본 중학교의 경우는 일본사와 세계사가 통합 교과서로 서술됨으로써 전근대사는 동아시아 속의 일본사로 그리고 근대 이후에는 세계 속의 일본사로 서술된다.

한 예로 후쇼사 교과서의 〈야마토 조정에 의한 국내 통일〉이라는 장의 서술을 살펴보자. "중국의 역사서에서 '왜'로 불리던 일본은 4세기경 중국의 문자 기록에서 완전히 모습을 감추고 만다. 이 기간 동안 중국에서는 국내가 분열되어 대외적인 영향력이 약화돼 있었다. 바로 그 시기, 조선반도에서는 북부에서 고구려가 강국이 되고, 남부에서는 백제와 신라가 대두하여 통일국가로의 움직임이 강해졌다. 이러한 주변 제국의 움직임에 맞추기라도 하듯이, 일본 열도에서도 소국을 통일하여 통일국가를 이루려는 움직임이 나타났다. 그 움직임의 중심은 야마토를 세력기반으로 삼은 야마토 조정으로 불리는 정권이었다."[76]

이에 비해 한국 중학교 국사 교과서에 나와 있는 이 시기 일본에 대한 기술이, 백제는 "일본의 규슈 지방에 진출하여 활동 무대를 해외로 넓혔다"는 단 한 구절뿐이다.[77] 그리고 7세기 백제의 멸망 후 부흥운동을 벌였던 사람들과 관련해서 "이들은 일본에 가 있던 왕자 풍을 맞아들여 왕으로 삼고, 사비성을 포위하여 여기에 주둔하고 있던 당군과 신라군을 공격하였다. 그러나 백제 부흥운동은 지도층의 내분으로 실패하였고, 이를 도우러 왔던 일본 세력도 백강에서 격퇴되었다"라고 썼다.[78]

그렇다면 왜 당시 백제 왕자 풍은 일본에 있었으며, 일본군은 400척에 이르는 군선을 파견해서 필사의 전투를 벌였을까? 일본 역사가들은 백제의 멸망 연대를 660년의 사비성 함락이 아니라 663년의 백촌강 전투로 보고 있지만, 김부식의 《삼국사기》에는 백촌강 전투에 대한 어떤 서술도 없다. 그렇다면 이러한 한국과 일본의 역사 서술에 나타난 불일치를 민족사의 관점에서 국사의 시각으로만 보고자 하는 역사가들은 어떻게 설명할 수 있는가?

광개토왕 비문의 기록을 보면, 당시 왜는 신라를 위협하고 백제와 화통을 맺음으로써 광개토왕이 손수 군대를 이끌고 전쟁을 벌여야만 했던 상당한 세력이었다. 《삼국사기》에는 신라가 백제를 견제하기 위해 401년 내물왕의 셋째아들 미사흔을 일본에 보내고, 411년에는 둘째아들 복호를 고구려에 파견하여 군사원조를 요청했으나 두 왕자는 인질이 되고, 박제상이라는 인물이 내물왕의 큰아들 눌지왕의 명을 받아 이 두 왕자를 구출했다는 기록이 나온다.

  이러한 기록으로 볼 때, 당시 신라와 일본 그리고 백제와 고구려의 관계는 국사 교과서가 서술하는 것처럼 고구려, 백제, 신라를 함께 묶어서 삼국시대라고 지칭하는 것과는 다른 복잡다단한 관계를 형성했었음을 미루어 짐작할 수 있다. 또한 삼국통일을 이룩한 문무왕이 동해의 용이 되어 왜적의 침입을 막겠다는 유언과 함께 대왕암에 해중릉을 만들게 했다는 기록을 보면, 한국 국사 교과서에서의 일본의 존재는 재평가돼야 한다.

  일본 교과서는 식민지 지배를 정당화할 목적으로 한국사를 왜곡하고, 이에 반해 한국 교과서는 일본에 의해 점령당한 과거의 경험으로부터 생겨난 콤플렉스 때문에 일본사를 되도록 축소해서 서술하는 경향을 보인다. 따라서 이러한 왜곡과 콤플렉스라는 이중의 굴레에서 벗어날 때 비로소 동아시아 평화와 공동 번영에 기여하는 동아시아 역사학이 탄생할 수 있다.

세 번째로 위와 같은 현재 한반도 문제를 주제로 역사의 대화를 시뮬레이션 하는 것은 학생들로 하여금 우리 나름의 세계사적인 시각인 '한국 속의 세계사'의 시야를 열어주는 계기가 된다. 한국인의 입장에서 동아시아와 세계의 정세를 내다보는 안목을 갖추지 못한다면, 동북아균형자로서의 적극적인 역할은 결코 기대할 수 없다. 자국사로서의 한국사를 국사와 같은 일국사적인 시각으로 서술해서는 학생들에게 주체적인 세계사 인식을 열어주는 교육을 할 수 없다. 이를 위해서는 먼저 한국사와 세계사를 하나의 통합 교과서로 집필하려는 시도를 통해, '세계 속의 한국사'와 더불어 '한국 속의 세계사'의 문제의식을 동시에 구현해야 한다.
　프랑스, 독일과 같은 유럽의 국가들은 자국사 중심의 동심원적인 세계사, 곧 자기 역사 문제를 중심축으로 하여 세계사적으로 인식지평을 확대하는 방식으로 자국사와 세계사를 하나의 통합 교과서로 서술하는 체제를 갖고 있었다. 하지만 이제 유럽은 국민국가의 경계를 허물고 유럽 공동체를 실현시키려는 방향으로 나아가는 것과 보조를 맞춰서, 자국사가 아닌 유럽사의 문제의식으로 국가 중심의 역사를 넘어서려는 시도를 공동으로 하고 있다.
　유럽 역사학과 비교해서 한국 역사학은 두 가지 비동시적인 과제를 순차적이지만, 상호모순적인 부분을 변증법적으로 지양한다는 자세로 성취하고자 노력해야 한다. 첫째는 "가장 한국적인 것이 가장 세계적인 것"이라는 것을 정말로 확신한다면, 우리 민족사의 특수성으로 실현시킨 세계사적인 보편성을 보여줄 수 있는 '한국 속의 세계사'를 서술해야 한다. 진정한 의미에서 자국사를 성립시키기 위해서는 우선 주체적으로 세계사를 보는 눈을 가져야 한다. 미국사, 영국사, 프랑스사, 독일사, 중국사, 일본사 등의 각국사를 단순 병렬하는 것이 아니라 우리 관점에서 세계사를 총체적으로 볼 수 있는 역사의 눈을 가질 때, 우리 역사 문제를 중심으로 한 세계사가 서술될 수 있다.

두 번째는 이제 한·중·일 역사가들은 자국사적인 관점이 만들어낸 역사 인식의 차이를 병렬적으로 비교하는 수준을 넘어서 동아시아 공동체라는 미래 역사의 기획을 실현시킨다는 포부를 갖고, 동아시아 통합 역사 교과서의 집필이 어떻게 가능할 수 있는지에 대해 머리를 맞대고 함께 고민해봐야 한다. 국가 간의 역사 분쟁을 지켜보면서 우리가 매번 확인하는 것은, 현실의 정치적인 문제들을 뛰어넘는 역사 교과서가 결코 서술될 수 없다는 한계 지점이다. 모든 역사 교과서는 정치적이다. 하지만 순전히 정치의 논리가 역사 교과서를 지배해서는 안 된다. 역사 교과서는 한편으로 '정치의 역사화'를 반영하는 거울일 수 있지만, 다른 한편으로 그것은 '역사의 정치화'의 길을 밝힐 수 있는 등불이 되어야 한다.

　역사 교육의 위기에 대해 우리는 그동안 많은 우려를 표방하면서도, 위기는 바로 기회라는 생각으로 기대를 갖곤 했다. 그런데 정말로 우리는 역사 교육의 위기를 기회로 전환시킬 수 있는 더할 나위 없는 전기를 맞이했다. 중국의 동북공정, 일본 역사 교과서의 우경화와 독도 문제로 야기된 위기상황은 한국 역사 교육의 문제점을 점검하고 강화시킬 수 있는 천재일우千載一遇의 기회다. 위기를 기회로 삼아 역사 교육의 르네상스를 열지 못한다면 한국 역사학의 미래는 없다고 해도 과언이 아닐 것이다.

4장
'기억의 장場'으로서 동아시아

국사에서 동아시아사로

● ● ●
 '기억의 장場'과 역사 범주

 역사는 기억이다. 기억을 위해 역사가 있고, 역사로써 기억된다. 기억은 역사의 목적이면서 수단이다. 기억을 통해 역사가 되는 것만큼이나 역사는 기억을 만든다는 점에서 역사와 기억은 이중관계를 형성한다. 어떤 과거를 기억한다는 것은 동시에 그 밖의 다른 과거는 망각한다는 것을 의미하기 때문에, 기억과 망각은 동전의 양면이다. 어떤 역사를 어떻게 쓰느냐는 무엇을 기억하고 무엇을 망각하느냐의 문제다.
 역사 서술은 기억과 망각의 변증법으로 이뤄진다. 기존의 역사 서술에서 망각된 것을 기억으로 되살려내고, 반면에 기억됐던 것을 망각의 강 속으로 빠뜨리는 행위를 통해 새로운 역사 서술이 나타난다. 그래서 역사란 기억의 투쟁이며, 기억의 정치학이다. 기억의 정치학에서 근본 문제는 누가 기억의 주체가 되며 기억의 범주를 무엇으로 설정하느냐이다. 나의 기억과 너의 기억이 다르기 때문에 언제나 특정 집단에 의해 의도적으로 재구성된 기억이 역사로서 기록된다.

한 사회의 구성원이 과거의 무엇을 어떤 방식으로 기억해서 역사로 서술하느냐는, 맥아더 동상 철거 문제에 관한 강정구 교수의 발언으로 촉발된 논쟁에서처럼, 서로 다른 주체들과 집단들 사이의 정치 투쟁을 유발한다. 이 논쟁의 초점은 대한민국의 정체성 문제였다. 맥아더 장군을 우리가 어떻게 기억하느냐를 통해 우리는 누구이며 누가 우리의 적이며 친구이냐가 결정되기 때문에, 이 논쟁은 궁극적으로 정치적 헤게모니 투쟁으로 전개됐다.

이러한 기억의 정치학에 직접 개입하는 것이 이 글의 목적은 아니다. 대신에 '기억의 장'이란 개념을 통해 이에 대한 역사 이론적 성찰을 하고자 한다. 피에르 노라P. Nora가 기획한 총 7권의 광대한 저작의 제목으로 제시된 lieux de méoire는 일반적으로 '기억의 터'로 번역되었다. 노라는 lieux를 통해 구체적인 공간을 지칭하지 않고 공간의 메타포를 의미했다. 그는 이 개념으로 기억을 탄생시키는 장소뿐 아니라 그곳을 통해 은폐되는 진실한 기억의 부재를 지적하고자 했다. 다시 말해 과거의 어떤 것을 특별한 방식으로 기념하는 기억의 장소란 실제에서는 그 밖의 다른 과거를 특정한 방식으로 사라지게 만드는 망각의 장소가 된다는 것이다. 그렇기 때문에 나는 기억의 탄생지로서의 의미를 내포하는 '터'라는 말 대신에 '장場'이란 번역어를 사용할 것을 제안한다.

기억에 대한 최근 역사학의 관심은 역사의 위기로 인해 나타나는 증상일 뿐만 아니라 그 대안의 모색이다. 그래서 기억과 역사는 투쟁관계로 파악된다. 이에 대해 전진성은 이렇게 썼다.

"역사의 왕권은 이제 기억이라는 지방 호족들로부터 만만치 않은 견제를 받게 될 것이다. 기억 담론은 이미 기성화한 역사를 넘어서 과거의 다양한 재현방식과 다양한 정체성을 포용할 수 있는 계기를 마련해주었다는 점에서 긍정적으로 평가될 만하다."[79]

기억이란 인간이 과거를 표상하는 방식이며, 그것을 재현하는 능력이다. 기억의 매체는 기념비, 회화, 박물관 등 다양하기 때문에, 역사만이 기억을 전유하지는 않는다. 그럼에도 기억과 역사의 대립항은 역사에 대한 근본적인 성찰을 의미할 뿐, 기억 자체를 역사의 대안으로 만들 수는 없다. 앞서 말한 것처럼 기억은 역사 이전의 과거에 대한 표상이면서 동시에 역사의 목표이다. 기억으로써 역사가 구성될 뿐만 아니라 기억을 위해 역사가 이야기된다. 문제는 문자 역사만이 역사라는 역사학의 편견을 버리는 일이며, 이것이 현재 대학의 역사학이 처한 위기상황에서 벗어날 수 있는 길이다.

기억과 역사를 대립이 아닌 유기적인 관계로 파악하는 것이 중요하다. 피에르 노라가 프랑스적 기억을 만들어내는 특정 사물이나 장소뿐 아니라 상징적 행위와 기호 등을 총망라 하는 개념틀로 제시했던 lieux de mémoire에 대한 우리말 번역도 이 점을 염두에 두고 이루어져야 한다.[80]

노라가 프랑스의 정체성과 관련해서 lieux de méoire 개념을 만들어냈기 때문에 '기억의 터'로 번역될 수 있다. '기억의 터'라는 번역은 기억의 역사에 대한 선험성을 전제한다. 하지만 기억이란 역사에 의해 만들어지는 측면도 있기 때문에 이러한 선험적 관계 설정은 일면적이다. 또한 노라의 개념이 모리스 알바쉬M. Halbwachs의 집단기억 이론에서 비롯됐다는 점에서 볼 때 문제가 되는 것은 개인적인 파편화된 기억이 아니라 사회적 기억, 곧 개인적 기억을 형성하는 범주다. 기억의 범주는 알바쉬의 용어대로 '사회적 구성틀cadre sociaux'에 의해 결정된다. 한 사회 내에는 무엇을 기억할 것인가를 선험적으로 규정하는 보이지 않는 기억의 범주가 있다. 언제나 기억은 사회적인 것의 종속변수로 재구성된다.[81]

역사의 선험적 범주는 기억 그 자체가 아니라 기억과 망각의 변증법이다. 역사란 기억이면서 동시에 망각이다. 이 같은 맥락에서 노라의 lieux de mémoire 개념을 역사인식론적 개념으로 확장해서 생각해보면 기억과 망각의 보이지 않는 경계를 형성하는 역사 인식범주로서 '기억의 장'이 상정될 수 있다. 우리가 지구상 어디에 있든 중력장 속에 존재하듯이 특정 시대 그곳에는 역사의 담론적 구성을 선험적으로 결정하는 고유한 '기억의 장'이 있다. '기억의 장' 속에서 과거라는 실재가 역사라는 지식으로 구성된다. 모든 역사는 '기억의 장'과 직결되어 있으며, 그 '기억의 장' 역시 역사를 통해 변화한다. 따라서 역사의 역사로서 사학사는 과거를 역사로서 파악하는 범주를 형성했던 '기억의 장'의 변화를 추적하는 것을 일차적인 목표로 설정해야 한다.

한국사학사란 한국사를 서술하는 본래역사proper history가 아니라 한국사라는 범주의 변화를 추적하는 메타역사meta-history로서 성립한다. 한국사란 무엇인가는 어떤 과거를 우리의 역사로 기억하느냐의 문제이다. '기억의 장'이 한국사 인식의 범주를 선험적으로 구성한다는 전제 아래 한국사학사에 대한 메타역사적 성찰을 하고자 한다. 이러한 성찰을 통해 나는 한국사를 국사로서 범주화했던 한국 근대 역사학의 '기억의 장'이 어떻게 형성됐는지를 먼저 살펴본 다음, 그것을 해체할 수 있는 '탈국사'를 위한 대안적 '기억의 장'으로서 동아시아의 성립 가능성을 타진해보고자 한다.

전근대 한국사의 '기억의 장'

 서양 역사의 아버지 헤로도토스는 《역사》의 첫 문장에서 집필 의도를 "그리스인hellenes들과 이민족barbaroi 사이에 벌어진 놀랍고도 중대한 사건 및 여타 다른 일들 그리고 그들이 서로 전쟁을 벌였던 원인이 사람들에게 알려지지 않고 그냥 지나치는 일이 없도록 하기 위한 것"이라고 밝혔다.[82] 헤로도토스 《역사》의 '기억의 장'은 그리스와 페르시아 제국 그리고 다른 아시아 여러 지역을 포괄하는 그야말로 그가 아는 범위 내에서의 전 세계였다. 그는 나름대로의 세계사를 서술했다.
 동양 역사의 아버지 사마천 역시 상고 시대부터 자신의 당대까지 그가 알 수 있었던 범위 내에서의 중국 및 이민족의 역사를 기록함으로써, 진시황의 분서갱유로 거의 백지상태에 있었던 중국 고대사에 대한 기억을 복원하는 데 절대적인 공헌을 했다. 그는 중국을 세계의 중심으로 설정하고 그 주변지역을 오랑캐로 규정하는 중화사관의 플롯을 《사기史記》에서 처음 제시했다. 동서남북의 4토四土와 대비된 '중토中土'라는 방위적 개념에서 유래하는 중국이란 실재했던 나라가 아니다. 중국이란 역사라는 담론으로 만들어지고 기억되었던 '가상실재 virtual reality'였다.

실제로 중국사에서 중국이라는 국호를 가진 나라는 한 번도 없었다. 그럼에도 진시황의 통일제국 이후 중국은 계속해서 존재했던 것으로 여겨졌다. 원이나 청나라 같은 오랑캐가 중국을 차지했어도 여전히 중국이 존재하는 것으로 중국사를 기술하고, 유목민의 역사는 중국이라는 '기억의 장' 속에 포섭됨으로써만 존재의 의미를 획득했다.[83]

중화사관은 중국을 '기억의 장'으로 만드는 메타역사였다. 이에 따라 이민족의 역사는 중국이라는 '기억의 장'에 포함되어야만 역사로서 공인받았다. 역사란 곧 중국사였다. 이민족과 중국을 조공-책봉 관계로 규정하는 중화세계질서china world order 하에서 중국은 역사의 메모리를 결정하는 매트릭스 matrix였다. 이러한 중국이라는 매트릭스 속에서 우리 역사가 서술되고, 이렇게 서술된 역사만이 정사正史로서 공인받았다.

사마천이 만든 기전체는 정사의 전범이 됐다.

한국사 최초의 정사는 김부식이 사마천의 《사기》를 모범으로 해서 편찬한 《삼국사기》다. 사마천 《사기》가 중국을 '기억의 장'으로 해서 집필됐다면, 김부식은 고구려, 백제, 신라의 삼국을 하나의 '기억의 장'으로 포섭할 목적으로 《삼국사기》를 편찬했다. 김부식은 《삼국사기》에서 고구려, 백제, 신라의 사람들은 각기 자기 나라를 아국我國이라 칭했다고 서술하면서도, 이 세 나라를 묶어서 해동삼국海東三國이라고 불렀다. 그는 《삼국사기》 권 제29의 연표年表(上)에서 "해동에 나라가 있은 지 오래였다"라고 하면서 기자 이래로 신라, 고구려, 백제의 연표를 작성했다. 이러한 연표의 구성은 그가 해동을 하나의 독립적인 '기억의 장'으로 설정했다는 증거다. 하지만 여기서 해동삼국이란 우리 스스로가 붙인 명칭이 아니라 중국인들에 의해 규정된 지리적 개념이다. 이는 한민족의 정체성을 대변하는 개념이라기보다는 중국이라는 중심의 동쪽 변방에 위치한 나라들이라는 의미다.[84]

김부식은 중국이라는 '기억의 장'의 하위 범주로서 해동삼국의 역사를 저술했다. 그러면서도 그는 당대 학자들이 중국 역사에 대해서는 정통하면서 정작 우리 역사에 대해서는 무지한 것을 개탄했다. 그는 〈진삼국사표進三國史表〉에서 삼국의 역사를 우리나라의 일我邦之事이라고 했으며, 그 역사를 기억하기 위해 《삼국사기》를 저술한다는 점을 명확히 밝혔다. 여기서 아방我邦이란 고려를 가리키며, 그 전사前史로서 《삼국사기》를 저술했다. 요컨대 그는 고려인으로서 역사적 정체성을 확보할 수 있는 '기억의 장'을 만들어야겠다는 문제의식으로 《삼국사기》를 편찬했다.

그럼에도 그는 사대주의자라는 비판을 받았다. 사대주의자는 중국을 천하로 여기고 중화세계질서 속에 살고자 하는 자이다. 하지만 그는 고구려, 백제, 신라의 왕들을 〈세가〉가 아닌 〈본기〉로 기술함으로써 독자적인 '기억의 장'을 설정하려는 자세를 견지했다. 그에게 '사대'란 랑케가 말했던 자기시대의 '지도적 이념leitende Idee'처럼 작은 왕조가 강력한 왕조에 기대어 정통성을 인정받고 독자적인 통치체제를 유지할 수 있는 것이었다.

고려도 천하의 중심이 될 수 있다는 다원적 천하관은 중화세계질서 속에서도 사라지지 않고 잠재된 형태로 중층적으로 발현되었다. 광종 때 편찬되었다고 전해지는 《구삼국사》에는 고려의 천하관이 《삼국사기》보다 더 많이 반영되었을 것으로 추정된다. 광종은 연호를 사용하고 황제를 칭한 군주였다. 이규보는 《이상국집》〈동명왕편〉에서 《구삼국사》의 동명왕본기를 읽고 "우리나라가 성인이 세운 나라임을 알게 되었다"고 하면서, 김부식의 《삼국사기》가 일부 자료를 삭제하고 있음을 우회적으로 비판했다. 김부식은 《삼국사기》〈연표〉와 〈신라본기〉 등에서 고조선의 실체를 언급하면서도 이를 삼국의 전사前史로 취급하지는 않았다.

이러한 김부식의 이중적인 태도가 단재 신채호가 묘청의 난을 "조선역사상 일천년래 제일대사건"이라고 말하게 만든 빌미가 된다.[85] 신채호는 묘청의 난을 계기로 전통사상이 중국 유교사상에게 패배하여 민족정신이 말살됨으로써 국사의 계보가 단절됐다고 주장했다. 《삼국사기》에 파편처럼 남아있는 《구삼국사》의 내용을 단서로 보면 김부식이 우리 역사의 '기억의 장'을 축소했다는 추론이 가능하다. 《삼국사기》 연표에서 삼국 왕의 죽음 가운데 오직 고주몽만을 승하昇遐로 표기했다는 것은 고구려 중심으로 서술된 《구삼국사》의 흔적으로 여겨진다.[86] 태조 왕건이 신라를 멸망시키고 후삼국을 통일한 것을 합리화하기 위해 고구려 계승을 명분으로 내세웠던 《구삼국사》는 고구려 중심으로 서술되었을 가능성이 높다.

이에 반해 고려 중기 이후에는 국초의 이념적 인식이 점점 약화되었고 급기야는 이에 대한 반작용으로 고구려 계승을 주장하는 묘청이 난을 일으켰다. 묘청과의 싸움에서 승리한 김부식은 고려의 정통성을 재확립할 목적으로 《삼국사기》를 편찬했다. 여기서 그는 신라 계승론을 전면에 내세우기 위해, 신라본기를 맨 처음에 서술하고 연표에서는 삼국 가운데 신라가 가장 먼저 건국된 나라임을 명시했다.[87] 이런 식으로 고구려 중심의 《구삼국사》를 배제하고 신라 중심의 《삼국사기》를 정사로 확립시킴으로써, 삼국 이전의 상고사가 우리 역사의 '기억의 장'에서 지워지는 결과가 초래됐다.

김부식의 화이론적 천하관은 그가 연표를 구성했던 방식에서 단적으로 드러난다. 그는 해동에 나라가 있은 지 오래지만, 기자가 주나라 왕실에서 봉작을 받고 위만이 왕호를 참칭한 후 연대가 요원하고 기록이 조잡하여 그 사적을 알 수 없다는 구실로 삼국의 역사를 기점으로 연표를 작성했다.[88] 그의 연표에는 먼저 중국의 연대가 나오고, 그것을 준거로 삼아 신라, 고구려, 백제의 연표를 정리했다. 이는 그가 우리나라 역사를 알아야 한다고 주장하면서도 결국 삼국의 역사를 중국사의 하위 범주로 생각했다는 징표다. 요컨대 그는 화이론적 천하관에 입각해서 고려의 정체성을 옹호하는 방식으로 '기억의 장'을 구성했다.

이러한 화이론적 역사관은 조선시대에 이르러 더욱 강화됐다. 이씨 왕조의 건국을 옹호할 목적으로 편찬된 《고려사》에는 더 이상 본기는 없고 왕들은 세가로 강등되어 기술됐다. 이는 결국 독자적인 '기억의 장'을 포기하고 자국사를 중국사의 일부로 확실히 편입시킴으로써 조선의 위상을 중국의 제후국으로 전락시켰다는 증거다.

성리학적 이데올로기가 강화되면서 기전체 대신에 명분론에 입각한 강목체가 정사로서 자리 잡았다. 강목법綱目法은 도덕적으로 정통성을 지닌 것과 그렇지 못한 것을 용어상으로 구분하고 중요한 사건과 사소한 사건을 강과 목으로 분류해서 중요도의 차이를 구별하는 서술방식이다. 병자호란 이후 주자학적 강목법 역사 서술이 많이 나온 이유는 조선 선비들이 반청애국심을 고양하는 데 가장 적합한 역사 서술 형식으로 이것을 채용했기 때문이다. 명은 이미 없어졌지만 중국은 여전히 존재하는 것으로 여겨졌다. 이런 정신적인 중국을 조선이 대변함으로써 조선 스스로가 중화가 되는 것을 꿈꾸었다. 이에 따라 중국이라는 가상실재를 통해 반청의식과 자의식을 형성하는 역사 서술이 나타났다.

하지만 18세기 강희와 건륭 황제에 이르러 청나라가 전성기를 구가하면서 조선 학인들의 청나라에 대한 인식의 변화가 일어나기 시작했다. 반청숭명의 명분 대신에 이용후생을 주장하는 북학파가 등장하면서 탈중화적으로 '기억의 장'을 재구성하고자 하는 실학자들의 역사 서술이 나타났다. 대표적인 것이 이익의 《성호사설》이다. 이익은 중국은 문화적으로 우월한 중화이고, 북방족은 이적이라는 화이론을 부정했다. 그는 화이론에 입각한 정통론 대신에 문화와 도덕을 기준으로 하는 정통론을 옹호함으로써 한국사의 정통을 재설정하고자 했다.

그는 단군과 기자 삼한을 정통으로 보고, 삼국시대는 무통으로 보았다. 삼국은 대등하게 할거했기 때문에 어느 한 나라에게 정통성을 부여할 수 없다는 것이다. 삼국을 통일한 통일신라와 후삼국을 통일한 고려를 정통으로 간주했다. 특히 그는 발해도 우리 역사 '기억의 장' 속에 포함시켰다. 그는 부여와 고조선의 영토에 속했던 발해의 땅을 우리가 수복하지 못함으로써 '조롱 속의 새'와 '우물 안 개구리'로 전락했다고 주장했다.[89]

　이익의 영향을 받고 18세기 고증학적 역사 서술을 최고의 수준으로 끌어올린 역사가는 안정복이다. 안정복은 주자 강목법에 입각해서 우리나라 통사인 《동사강목》을 저술했다. 그는 도덕적 기준을 적용하여 우리 역사의 정통 왕조를 단군-기자-마한-통일신라-고려-조선으로 체계화하고, 이익처럼 삼국시대를 무통시대로 간주했다. 그는 단군을 우리 역사 정통 왕조의 시발로 삼았다는 점에서 중국 문화 중심의 화이론에서 탈피하고자 했다. 하지만 그는 이익과는 달리 발해를 우리 역사로 보지는 않았다.

　단군을 우리 역사의 정통으로 세우는 실학파 역사가의 한국 고대사는 이종휘의 《동사》에 이르러 하나의 체계를 확립했다. 이종휘는 기전체를 채용하여 단군, 기자, 삼한의 제왕을 본기로 서술했다. 그는 이익과 안정복이 마한을 주축으로 하는 삼한정통설에 입각해서 고대사 체계를 수립했던 것과는 다르게 우리 역사의 계통을 단군-부여 계통과 기자-마한 계통으로 이원화하였다. 이러한 이종휘의 새로운 정통론은 후에 신채호가 단군-부여-고구려 계통을 주족으로 설정하는 데 커다란 영향을 미쳤다. 이종휘는 중국과는 다른 우리 문화 정체성이 단군을 기점으로 해서 성립했다고 서술함으로써 우리가 동아시아세계에서 유일한 중화문화中華文化의 선진국임을 주장했다. 이러한 그의 단군 민족주의는 이후 신채호가 민족사학을 성립하는 데 지대한 영향을 미쳤다.[90]

반청숭명 사상이 정신계를 지배했던 17세기 중엽 이후에는 명을 대신해서 조선을 중화의 위치로 자리매김할 수 있도록 '기억의 장'을 재구성하는 것을 화두로 삼는 역사 서술이 등장했다. 하지만 이러한 역사 서술은 여전히 주자학의 정통론과 도덕적인 강목체를 메타역사로 삼아 '기억의 장'을 재구성함으로써 경사일체經史一體의 중세사학에서 벗어나지 못했다. 중화주의적中華附庸的 위치에서 탈피하여 우리 역사의 독자적인 '기억의 장'을 구성하는 것을 화두로 삼는 역사가가 나타난 후에야 비로소 한국 역사학의 근대로의 진입이 시작됐다고 말할 수 있다.

위에서 살펴본 것처럼 조선 후기 실학자들은 중국을 문화의 중심지로 설정하는 중화사관에서 벗어나 우리 문화의 독자성과 우수성을 확인하는 여러 역사 서술을 제시했다. 하지만 그들의 역사 서술은 여전히 역사를 도덕화하는 경사일체의 중세 사학과 반청의식을 통해 중국을 대신해서 우리 스스로를 중화로 설정하는 '아류 중화주의'에서 벗어나지 못했기에, 여전히 근대 이전의 '기억의 장' 속에 머물렀다.

19세기 후반에 이르러 조선 지식인의 역사 인식은 실학과 역사학의 흐름을 계승하는 동도서기파와 존화양이 사상을 추종하는 위정척사파로 양분되었다. 후자는 주자학의 강목체 역사 서술로의 복귀를 주장했던 반면, 전자는 갑오경장 이후 본국사 교과서를 집필하려는 노력을 전개했다. 하지만 역설적이게도 개화기 교과서들은 중화사관 대신에 일본의 황국사관의 영향을 받고 조선사의 체계를 세우고자 했다는 점에서 식민사관의 맹아를 이루었다.

개화기의 교과서들은 황국사관에 의거해서 근대 일본 국민을 위한 '기억의 장'을 만들어내고자 했던 일본사를 모범으로 삼아 조선의 본국사를 서술하는 경향을 가졌다. 이들 교과서들이 주로 참조했던 것은 하야시 타이스케林泰輔가 썼던 우리나라 통사인 《조선사》였다. 그는 《일본서기》의 기사를 인용하여 한국 고대사의 체계를 세우고자 했다. 그에 의하면 단군은 일본 스사노 오노미코토素盞鳴尊의 아들이고, 일본은 고구려의 조공을 받았다. 또한 백제 근초고왕 때 신공황후가 신라를 정복하여 백제를 일본에 복속시켰고 가야에는 일본부를 설치했다. 한국의 근대 역사 개념은 이런 일본의 식민사관을 극복하여 우리 민족의 독자적인 '기억의 장'을 확립하고자 하는 노력으로부터 성립했다.

근대 한국사의 '기억의 장'으로서 민족과 국사의 탄생

동아시아에서 근대의 여명은 중화세계질서의 해체와 더불어 밝아왔다. 아편전쟁에서 중국의 참패는 동아시아 지식인들에게 우주의 중심이 바뀌는 코페르니쿠스적 전회와 같은 충격이었다. 중국이 더 이상 태양이 아니라면, 조선은 어디를 향해 나아갈 것인가? 제국으로서 중국의 붕괴와 함께 작은 나라는 큰 나라를 섬기며 살아야 한다는 사대주의가 더 이상 조선의 생존전략이 될 수 없음이 명확해졌다. 이제는 조공과 책봉에 의한 외교상의 형식적 지배가 아닌 식민지 경영을 목적으로 군사적인 실질적 지배를 하는 제국주의 시대가 도래했다.

제국주의 시대에서의 생존전략은 적자생존의 사회진화론이었다. 정글의 법칙이 작동하는 세계에서 살아남기 위해서는 대국에 의지해서가 아니라 자강할 수 있는 실력을 양성해야 한다는 민족적 자의식이 생겨났다. 중세가 기독교 또는 중화주의와 같은 어느 하나의 중심적 질서에 따라 작동하는 일원론적 세계였다면 그 중심이 해체된 근대는 열강이 충돌을 벌이는 다원론적 세계였다. 홉스가 말하는 "만인의 만인에 대한 투쟁"이 국가 단위로 벌어지는 제국주의 시대에 생존하기 위해서는 민족을 근간으로 한 강력한 국가를 건설해야 한다는 의식이 싹텄다. 따라서 제국주의가 강자의 논리였다면, 약자의 논리는 민족주의로 인식됐다.

20세기 초 조선은 중화주의라는 중세적 세계관에서는 탈피했지만, 일본 제국주의 침략을 통해 식민지로 전락할 운명에 처해 있었다. 1905년 러일전쟁에서 승리한 일본은 조선을 병합할 만반의 준비를 완료했다. 한국 근대 역사학은 이러한 현실의 위기에 대한 역사적 진단과 미래에 대한 역사적 전망을 제시해야 한다는 당위로부터 성립했다. 한국 근대 역사학의 창시자 신채호는 일본에 의해 주권을 빼앗긴 조선이 독립 국가를 쟁취하기 위해서는 무엇보다도 먼저 애국심과 민족정신을 고취할 수 있는 민족사의 기억을 상기하는 것이 요청된다고 믿었다.

신채호는 왕조 대신에 민족을 역사의 주체이자 인식 단위로 설정함으로써 한국사를 민족의 '기억의 장' 속에서 체계화하고자 했다. 그는 한국 최초의 민족국가를 단군이 건국한 고조선에까지 소급해서, 이로부터 부여, 고구려 그리고 발해로 이어지는 국사의 계보를 재정립했다. 이는 이전 대한제국 시기에 편찬된 교과서들이 견지했던 마한에서 신라로 잇는 삼한정통론을 파기하고 부여-고구려 계통을 민족사의 정통으로 재확립하는 새로운 기획이었다. 이전의 정사체 역사 서술이 왕조의 교체 내지는 왕위 계승의 정통성을 옹호하려는 목적으로 왕조를 단위로 한 '기억의 장'을 구성했다면, 그는 왕조의 교체와 관계없이 면면히 이어져온 민족을 주체로 해서 '기억의 장'을 재구성하고자 했다.

이렇게 한국의 근대 역사 개념은 민족을 기억의 주체로 삼으며 동시에 역사적 기억의 범위로 설정하는 것으로부터 탄생했다. 서구 근대 역사 개념과 비교해볼 때, 한국 근대 역사 개념의 특이성은 처음부터 세계사와 분리해서 자국사를 정의했다는 점이다. 《조선상고사》〈총론〉에서 신채호는 역사란 인류 사회의 '아'와 '비아'의 투쟁이 시간적으로 발전하고 공간적으로 확대하는 정신적 활동의 상태를 기록한 것이라는 일반적 정의를 내린 후, 역사를 세계사와 조선사로 나눴다.[91] 세계사가 세계 인류의 "아와 비아의 투쟁"의 기록이라면, 조선사란 조선 민족의 그러한 기록이라는 것이다. 이러한 이분법의 이면에는 조선 민족과 세계 인류 사이의 분리가 전제되었다. 세계사란 비아의 역사이며, 아의 역사는 조선사라는 것이다. 이렇게 세계사와 자국사를 각기 다른 역사로 기술하는 전통은 오늘날까지 이어져서 국사와 세계사는 각각 다른 교과서로 서술되고 있다.

물론 국사와 세계사의 구분은 한국에만 고유하게 나타난 현상은 아니다. 그것은 서구의 근대를 모방 대상으로 삼으면서도 그것과 독립해서 역사적 정체성을 확립시켜야 했던 동아시아 국가들의 공통된 현상이다. 서구 근대 역사 개념이 인류 전체의 역사를 포괄하는 보편사를 지향했다면 일본, 한국 그리고 중국의 근대 역사 개념은 동일하게 그런 서구 보편사에 대항해서 민족사의 정립을 목표로 성립했다. 동아시아 근대 역사 개념이 이처럼 민족주의적 기원을 갖는다는 태생적 한계가 동아시아 역사 전쟁을 재연시키는 근본 원인이 된다.

유럽 교과서는 일반사로서의 역사와 자국사로서의 국사를 분리해서 서술하지 않는다. 고대사와 중세사를 갖지 못하는 미국을 제외하고 유럽에서 역사 교과서는 일반적으로 자국사를 포괄해서 서술된다. 이에 비해 동아시아 국가들은 자국사와 세계사를 분리해서 역사 교과서를 기술한다. 이러한 동아시아 역사 교과서의 이원화는 서구 근대성을 모방의 대상으로 삼으면서도 또 그것과의 대립 속에서 자신의 역사적 정체성을 확립해야 한다는 문제의식에서 비롯했다. 그런데 이렇게 타자의 역사들을 세계사로 규정하고 자국사를 국사로서 독립적으로 기술한다면, 그 자국사는 일국사―國史가 되고 마는 경향이 있다.

자국사를 일국사적으로 기술하는 경향은 아직도 국사라는 명칭을 고수하는 한국 역사학에서 더욱 두드러진다. 한국 중학교 국사 교과서는 머리말에서 한국사를 "우리 민족이 걸어온 발자취이자 기록"이라고 정의했다. 여기서 '우리 민족'이란 누구인가. 우리 민족이란 한국사를 통해서 설명되어야 할 대상이지, 한국사를 정의하는 주체가 될 수 없다. '민족의 역사'이기에 앞서 '역사의 민족'이어야 한다. 이렇게 민족이라는 초역사적인 실체에 기어으로 역사를 서술하는 방식이 바로 국사다. 한국 역사학에서 국사는 보통명사가 아니라 한국사만을 특별하게 지칭하는 고유명사로 쓰인다. 국사란 역사로써 민족을 이야기하는 것이 아니라 민족으로써 역사를 구성하는 한국 역사학의 특수성을 대변하는 개념이다.

이 같은 한국 역사학의 특수성은 20세기 내내 한국인들이 경험한 근대국가의 부재와 결핍에 대한 기억으로부터 성립했다. 한국인들은 20세기 전반기에는 일본 식민지로 전락함으로써 국가를 성립시키지 못했으며, 1945년 일제의 패망과 함께 해방되었지만 냉전체제 속에서 분단되어 오늘에 이르기까지 통일된 민족국가를 완성하지 못하고 있다.

이 같은 문제 상황은 민족 문제라는 개념으로 일반화됐다. 한국의 역사가들은 이러한 민족 문제를 해결하지 않고는 한국의 근대는 계속해서 '미완의 근대'에 머물러 있을 수밖에 없다고 믿고 있다. 그리하여 민족을 주어로 하고 통일국가와 근대화를 목표로 하는 역사서사로서 국사가 한국사의 패러다임으로 확고부동한 위치를 점했다.[92]

한국 역사학에서 국사는 국가의 현실적 부재를 민족이라는 가상실재로 대체하는 기능을 했다. 따라서 국사란 현실에서 나타나는 국가의 결핍을 민족이라는 '상상의 공동체'에 투사projection함으로써 만들어진 매트릭스matrix라고 말할 수 있다. 국사라는 매트릭스가 '기억의 장'을 전유함으로써, 역사를 위해서 민족을 연구하는 것이 아니라 민족을 위해서 역사를 연구한다는 민족사관이 한국사의 플롯구성을 결정하는 메타역사로서 기능했다.

국사의 매트릭스 속에 사로잡혀 있는 많은 한국사 연구자들은 민족이라는 '기억의 장' 밖에는 한국사란 존재할 수 없다고 믿기 때문에, 동아시아는 물론 세계와의 연관성 속에서 한국사를 서술해야 한다는 의식을 결여했다. 그 결과 한국 사학자들은 일본 및 중국과의 역사 분쟁에서 중재자가 아니라 전사戰士로서의 역할을 자처했다. 대부분의 한국 사학자들은 국가 간의 역사 분쟁을 국사 밖에서 자국사의 문제를 조망할 수 있는 계기가 아니라 오히려 국사를 강화하는 기회로 활용하고자 한다.

한국의 국사 교과서는 민족사관에 의거해서 서술됐다는 것을 드러내는 데 주저하지 않고 직접적으로 표명한다. 한국 고등학교 국사 교과서는 민족주의를 공격적 민족주의와 저항적 민족주의로 구분하면서, 약소국은 스스로를 보존하고 민족국가를 형성하기 위해 후자의 저항적 민족주의를 견지해야 한다고 주장한다.[93]

민족주의가 20세기 한국사회를 근대적으로 구성하는 원리였다는 점은 부정될 수 없다. 그동안 한국 근대 역사학은 이러한 민족주의에 복무하는 것을 과제로 삼았다. 중세적인 중화 제국이 해체된 이후 집단적 삶의 정체성과 방향이 민족을 화두로 해서 성찰됨으로써, 한국 근대 역사학은 국사의 탄생과 더불어 성립했다. '기억의 장'이 민족에 의해 전유됨으로써 역사는 곧 국사가 되었으며, 그 결과로 역사 교육은 국사 교육으로 환원되고 세계사는 국사의 기억을 확대하는 것이 아니라 그것을 보조하는 하위 역사로 인식됐다.

역사란 기본적으로 "우리는 어디서 와서, 지금 어디에 있으며 그리고 어디로 가야하는지"에 대한 답을 이야기를 통해서 제시하려는 목적을 가진다. 그런데 국사는 그 이야기의 플롯을 민족의, 민족에 의한 그리고 민족을 위한 것으로 구성하는 역사 서술 패러다임이다. 한국 근대 역사학에서 국사는 우리가 민족이라는 가상실재virtual reality에 살았고 살고 있고 또 앞으로 영원히 살아야 한다는 것을 기억으로 주입하는 매트릭스의 역할을 해왔다.

하지만 우리의 생활세계가 더 이상 민족이 아니라 전 지구적인 차원으로 확대된 21세기에서 우리 '기억의 장'을 민족으로 축소하는 국사 패러다임은 시대착오다. 우리가 무엇을 기억하느냐는 우리가 누구인가를 넘어서 우리가 무엇이 되느냐의 문제이다. 따라서 오늘의 한국 역사학은 민족이라는 '기억의 장'을 메모리로 설정한 국사의 매트릭스에서 벗어나 역사의 실재계the Real로 나와야 한다.

'탈국사'를 위한 '기억의 장'으로서 동아시아

2005년 우리 사회를 뜨겁게 달군 강정구 교수 발언 파문은 지식인, 정치가뿐 아니라 일반 국민의 대다수가 국사라는 매트릭스 속에 살고 있다는 것을 단적으로 보여준 사건이었다. 이 논쟁의 핵심은 결국 한국사의 인식 범주를 형성하는 '기억의 장'을 무엇으로 설정할 것인가이다.

한국사의 영역을 이루는 '기억의 장'은 시기적으로 변화했다. 고조선과 고구려가 있었던 삼국시대에는 만주까지를 포함했지만, 그 이후는 주로 한반도로 한정되었다. 그런데 남북분단 60년을 맞이하는 오늘날 우리 역사 '기억의 장'을 민족이라는 선험적 주체에 입각해서 북한까지를 포함한 한반도로 설정할 것인가, 아니면 북한을 제외한 대한민국 국가로 한정할 것인가가 쟁점으로 떠올랐다.

뉴 라이트 지식인들의 금성 교과서 발행 근현대사 교과서에 대한 문제제기와 강정구 교수 발언이 빚은 파장은 '기억의 장'을 둘러싼 국사 개념 투쟁으로 발전했다. 우파 지식인들은 대한민국이라는 국가의 정체성에 입각한 국사 개념을 주장하여 색깔 논쟁을 통해 정치적 헤게모니를 탈환하려는 시도를 했다. 그들이 문제 삼았던 강 교수 발언의 일부를 살펴보자.

6·25전쟁은 통일전쟁이면서 동시에 내전이었다(물론 외세가 기원한 내전). 곧 당시 외국군이 한반도에 없었기에 집안싸움이었다. 곧 후삼국시대 견훤과 궁예, 왕건 등이 모두 삼한통일의 대의를 위해 서로 전쟁을 했듯이 북한의 지도부가 시도한 통일전쟁이었다.
우리 역사 책 어느 곳에서도 왕건이나 견훤을 침략자로 매도하지 않고 오히려 왕건을 통일대업을 이룬 위대한 왕으로 추앙한다. 그런데 이 같은 성격의 집안싸움인 통일내전에 외세인 미국이 사흘 만에 개입해 전쟁주체가 된 셈이다. 만약 집안싸움인 이 통일내전에 미국이 개입하지 않았다면 전쟁은 한 달 이내 끝났을 테고, 물론 우리가 실재 겪었던 그런

살상과 파괴라는 비극은 없었을 것이다.[94]

"6·25전쟁은 통일전쟁이면서 동시에 내전"이라고 했던 강 교수 발언은 한국사의 플롯을 통일왕조 시대는 좋고 후삼국과 같은 분열의 시대는 혼란기로 설정함으로써 민족통일을 지향해야 한다는 전형적인 국사의 관점을 대변한다. 그런데 왜 우파 지식인과 정치가들이 강 교수 발언을 문제 삼는가? 그들은 강 교수와 다른 '기억의 장' 속에서 국사를 파악하기 때문이다. 강 교수는 민족을 '기억의 장'으로 하는 국사 개념을 갖고 있는 데 반해, 그들은 대한민국이라는 국가를 '기억의 장'으로 해서 국사가 성립해야 한다고 주장한다. 따라서 국사를 민족사로 파악하는 사람들에게 강 교수 발언은 그다지 큰 문제가 될 것이 없지만, 대한민국 국가의 기억이어야 한다고 주장하는 우파의 입장에서 보면 강 교수는 대한민국의 정체성을 부정하는 빨갱이다.

그럼에도 강 교수나 뉴 라이트 지식인들은 모두 국사의 매트릭스 속에 갇혀 있다는 점에서 동일하다. 한국사를 민족사로 파악하든 국가사로 파악하든 간에 근본적인 문제는 국사의 시야로 한국사를 보는 것으로부터 초래되는 역사 인식 지평의 편협함이다.

국사의 시각은 6·25전쟁을 동족상잔이라는 내전으로만 파악함으로써 6·25전쟁에 대한 '기억의 장'을 한반도로 국한시키는 경향이 있다. 중학교 국사 교과서는 "북한이 일으킨 6·25전쟁은 자유와 평화에 대한 도전이자, 동족상잔의 비극이었다"라고 쓰고 있다.[95] 6·25전쟁이라는 명칭도 우리의 기억을 대변하는 용어다. 모든 기억은 자의적인 사고 조작이다. 1950년 6월 25일 한반도에서 일어났던 사건을 6·25전쟁으로 부르느냐 또는 한국전쟁으로 명명하느냐도 결국 그 사건을 누가 어떻게 기억하느냐의 문제이다. 우리 국사 교과서는 6·25전쟁이라는 용어로 통일해서 서술하고 있다. 이러한 명칭 자체가 '기억의 장'을 한반도로 설정하는 방식이다.

박명림은 한국인이 6·25전쟁이라는 명칭을 선호하는 이유는 특정 사건을 달력에 표기된 월일의 시점으로 부르기를 선호하는 한국인의 심성 때문이기도 하지만, 거기에는 참혹한 실상을 초래한 전쟁에 대한 선악의 도덕적 판단과 책임 추구의 신념이 들어 있다고 보았다.[96] 그리고 최근 남한 역사학계에서 한국전쟁이라는 용어를 공용하는 방향으로 나아가고 있는 것은 남한 사람들의 역사 이해와 수용의 폭이 그만큼 넓어졌다는 것을 반영하는 긍정적인 징후라고 평가했다.[97]

6·25전쟁은 박명림과 와다 하루키의 연구를 통해 밝혀졌듯이 기본적으로 중국혁명과 연결된 동아시아 전쟁이었다.[98] 소련, 중국 그리고 북한을 잇는 동아시아 공산주의 삼각동맹이 형성되었기 때문에 북한의 김일성은 남침을 감행할 수 있었

다. 중국혁명이 성공하지 않았다면 이 동맹은 이루어지지 않았을 것이고, 이 동맹이 형성되지 않았다면 한국전쟁은 일어나지 않았을 것이다. 따라서 6·25전쟁의 역사화를 한반도라는 '기억의 장' 내부로만 축소하는 국사 교과서의 서술은 한국사의 동아시아사적 맥락을 사장시키는 결과를 초래한다.

국사의 기억을 통해 제거된 동아시아사적 맥락에 대한 재인식의 계기는 외부의 충격을 통해 열렸다. 일본의 과거 침략전쟁과 식민지 지배를 정당화하는 역사 교과서가 출현하면서 한·중·일 3국의 양심적 지식인들은 국사를 넘어서는 역사 서술의 필요성을 자각했다.

한·중·일 3국의 학자, 교사 그리고 시민활동가가 4년간의 고된 작업 끝에 결실을 본 《미래를 여는 역사》는 동아시아를 '기억의 장'으로 한 역사 서술의 첫걸음을 내딛는 성과를 이뤄냈다. 이 책의 4장 3절 "동아시아 냉전과 국교정상화"의 첫 번째 단원 "동아시아의 냉전과 한국전쟁"은 다음과 같이 동아시아 관점을 구현했다.

제1차 세계대전이 끝난 후에도 동아시아에서는 격동이 계속되었습니다. 그리고 마침내 전쟁이 다시 일어났습니다. 한반도에 세워진 남북 두 정부 사이에는 대립이 계속되었습니다. 이 대립은 결국 1950년 6월 25일 '차가운 전쟁'을 넘어 한국전쟁이라는 '뜨거운 전쟁'으로 바뀌었습니다. 북한의 인민군이 무력 통일을 목표로 남침한 것입니다. (……) 한국전쟁은 동아시아를 중심으로 벌어진 국제전이 되었습니다. (……) 이 전쟁으로 한반도에서는 휴전선을 경계로 한 남북 분단이 굳어졌습니다. 또한 휴전 후에도 한국에는 미군이 계속 주둔하여 한국 사회에 커다란 영향을 끼치고 있습니다.

한국전쟁은 한반도뿐만 아니라 중국과 일본에도 커다란 영향을 주었습니다. 중국은 인민공화국 건국 후 숨 돌릴 겨를도 없이 참전하게 되었습니다. 중국도 많은 희생자를 냈습니다. 희생자 중에는 중국 동북 지방에 살았던 조선족도 다수 포함되어 있습니다. 또한 이 전쟁이 진행되는 동안 타이완에 대한 미국의 영향력이 더욱 강화되어, 타이완 해협을 사이에 두고 대립이 더욱 날카로워졌습니다.

일본이 맡은 영향은 이와는 정반대였습니다. 먼저 일본은 미군의 군수 물자 공급지가 되어 경기가 좋아졌습니다. 이것을 당시 '조선 특수'라고 불렀습니다. (……) 결국 한국전쟁을 계기로 일본은 경제를 재건하고 재군비를 향하여 헌법이 정한 전쟁 포기의 틀을 넘어서기 시작했습니다. 또한 샌프란시스코 강화 조약을 시작하여 많은 나라와 관계를 정상화한 것도 한국전쟁이 절정에 달했을 때였습니다. 이와 같냉전의 강한 영향으로 일본의 배상·보상 문제도 애매해져 갔습니다.
이렇게 한국전쟁은 동아시아의 냉전체제를 더욱 심화시켰습니다. 오늘날 세계적으로는 냉전이 끝났다고 하지만, 한반도의 남북 분단과 중국과 타이완의 대립 등 동아시아는 여전히 냉전체제에서 벗어나지 못하고 있습니다. 그만큼 냉전은 동아시아 사회에 뿌리 깊은 영향을 주었습니다.[99]

위의 한국전쟁에 관한 서술은 《미래를 여는 역사》에서 동아시아 관점이 가장 훌륭하게 구현된 부분이다. 하지만 전체적으로 보아 《미래를 여는 역사》는 한·중·일 3국이 역사를 공유할 수 있는 '기억의 장'으로서 동아시아 관점을 제시하는 데에는 근본적인 한계를 노출했다. "기본적으로 세 나라의 역사를 합친 '삼국지'란 인상을 벗어나기가 힘들다."[100] 《미래를 여는 역사》는 한·중·일 3국의 역사적 경험의 차이를 드러내는 데에는 일정한 성공을 거두었지만, 그러한 국사적 경험의 차이를 넘어서 동아시아사적 인식의 공유에 이르는 데에는 실패했다.

3국의 역사적 경험의 첨예한 차이는 1945년 8월 15일의 기억에서 가장 잘 드러난다. 《미래를 여는 역사》는 이날에 대한 각국의 경험을 다음과 같이 서술했다.

일본에서는 이날 제1차 세계대전이 히로히토의 라디오 방송을 통해 패전이 알려졌습니다. 그래서 전쟁에 패한 '패전일'이지만, '전쟁이 끝난 날'이라는 의미로 '종전일'이라고 하기도 합니다.
그러나 같은 8월 15일을 아시아 각국은 정반대로 맞게 됩니다. 한국에서는 일본의 식민지 지배에서 해방된 기쁨으로 '독립만세'를 외치는 사람들로 가득했습니다. 한국은 이날을 1910년부터 1945년까지 35년에 걸쳐 일본이 지배한 암흑의 시대에서 '빛이 되살아난 날'이라고 하여 '광복' 또는 '해방'이라고 합니다.
1931년부터 일본과 15년 동안이나 전쟁을 했던 중국에서도 이날 항일 전쟁 승리를 맞이하였습니다. 중국은 일본이 항복 문서에 서명한 이튿날인 9월 3일을 항일 전쟁 승리일로 정하였습니다.[101]

1945년 8월 15일은 일본 제국주의를 중심으로 한 동아시아 질서가 붕괴하고, 한·중·일 3국이 국민국가를 향한 새 출발을 한 날이다. 각각의 국민국가가 처한 상황과 지향하는 국가 이념에 따라 나름의 방식대로 이날을 기억하고 기념한다. 또한 우리의 경우는 남한과 북한 사이에서도 인식의 차이가 존재한다. 남북한 모두 8·15를 연합군의 승리와 조선인의 독립

투쟁의 결과로 보는 점에서는 일치한다. 하지만 남한은 연합군 가운데 미군의 역할을 강조하고 상하이 임시정부와 광복군 등의 활동에 중심을 두고 반공주의적으로 8·15 해방에 대한 기억을 만들어내는 데 반해,[102] 북한은 해방군으로서 소련의 역할과 김일성의 항일 빨치산 운동과 관련된 8·15 해방만을 기억하고 나머지는 망각하고자 한다.

이렇게 1945년 8월 15일을 어떻게 기억하고 기념하느냐는 각 국가의 정체성 문제와 직결된다.[103] 그렇다면 국민국가가 존재하는 엄연한 현실 속에서 그것이 전유하는 기억을 넘어서 동아시아라는 '기억의 장'을 연다는 것이 과연 가능할까?

《미래를 여는 역사》는 단순히 침략과 저항, 가해와 피해의 공식에 따라 3국의 역사를 평면적으로 기술하는 것 이상으로 나아가지는 못했다. 그런 정도로는 "평화와 민주주의, 인권이 보장되는 동아시아의 미래를 개척"[104]한다는 목표를 달성할 수 없다. 그 목표를 달성하기 위해서는 세 나라의 역사를 단순 비교해서 차이를 병렬하는 것을 넘어서 3국 경험의 구조적 연관성을 동아시아라는 '기억의 장' 속에서 확인하고 만들어나가는 작업이 필요하다.

한·중·일 3국 공동역사편찬위원회가 함께 쓴 편집 후기는 "동아시아에 평화로운 공동체를 만들기 위해서는 그 전제로 역사 인식을 공유하지 않으면 안 됩니다"라는 말로 시작한다.

그런데 이런 역사 인식의 공유가 가능하기 위해서는 먼저 국민국가의 기억을 넘어설 수 있는 문맥의 공유가 있어야 한다. 이런 문맥의 공유를 성취할 수 있는 역사적 공간이 바로 동아시아라는 점을 인식하고, 3국의 역사가들은 서로 다른 기억을 통합할 수 있는 구조적 연관성을 찾아내고 그것이 미약하다면 미래지향적으로 새로 만들어가려는 노력을 기울여야 한다.

과거의 경험은 다를 수 있지만, 미래의 희망은 공유할 수 있다. 이런 방향으로 발전하기 위해서는 동아시아를 더 이상 국가들 사이의 대립과 갈등의 장소가 아니라 화해와 협력의 장으로 만들겠다는 의지가 필요하다. 동아시아를 '기억의 장'으로 한 미래를 여는 역사는 각국의 역사적 경험의 차이를 망각하고 공통적인 것만을 기억하는 것을 통해서가 아니라, 차이와 공통에 대한 인식의 공유를 전제로 해서 동아시아 평화와 번영이라는 공동의 역사적 과제를 어떻게 성취할 수 있는지를 공동의 화두로 삼을 때 이루어질 수 있다.

기억이란 과거 그 자체를 보존하기 위해서가 아니라 미래를 열기 위해서 과거를 호명하는 행위다. 기억이란 엄밀히 말하면 과거를 위해서가 아니라 미래를 위해서 존재한다. 과거는 기억으로 존재하지만, 과거를 기억하도록 만드는 것은 미래다. 과거는 언제나 미래를 향해 움직이면서 자신의 영역을 계속 확장시키지만 그 의미는 미래에 의해 규정된다. 과거는 미래의 가능성, 곧 지나간 미래로 인식될 때 역사가 된다. 그래서 우리는 과거를 기억하고 미래를 상상하는 것이 아니라 실제에서는 미래를 기억하여 과거를 상상한다. 이 같은 맥락에서 '기억의 장'으로서 동아시아에 대한 구상은 미래의 동아시아를 만들어가는 기획을 의미한다.

과거의 동아시아가 분열과 지배 그리고 식민지로 점철된 '기억의 터'라고 할지라도, 동아시아의 미래는 열려 있기 때문에 우리에게 중요한 것은 미래의 동아시아다. 공동 번영과 평화를 위한 '역사 공동체'로서 미래의 동아시아를 만들겠다는 역사의식을 가질 때, '기억의 장'으로서 동아시아에 대한 역사적 전망이 열릴 수 있다.

동아시아를 미래의 희망을 위한 '기억의 장'으로 만드느냐 아니면 과거의 갈등을 재생산하는 '기억의 터'로 만드냐는 일차적으로 최전선에서 기억을 발굴해 역사로 만드는 작업을 하는 역사가들에게 달려 있다. 이러한 역사적 사명을 띠고 이 땅에 태어난 역사가들은 영화 〈매트릭스〉의 주인공 네오Neo처럼 빨간 약을 먹고 국사의 매트릭스에서 벗어나 동아시아 '기억의 장'으로 나아가는 결단을 해야 한다.

동아시아사 패러다임을 위하여

역사학은 기본적으로 역사 쓰기로 성립한다. 독일의 역사가 라인하르트 코젤렉에 따르면, 역사 쓰기는 3단계로 이루어진다. 첫 번째 역사쓰기Aufschreiben가 있고, 그것을 계속 이어 쓰다Fortschreiben가, 어느 시점에서 다시 쓰기Umschreiben가 나온다.[105] 세 번째의 다시 쓰기 단계는 첫 번째와 두 번째의 역사쓰기를 근본적으로 수정하는 단계다. 위험한 단순화를 무릅쓰고 근대 이후 한국사학사를 정리하면, 민족을 역사의 주체로 해서 근대와 통일이라는 지금의 목표를 어떻게 달성해야 하는가 라는 이야기의 플롯구성을 어떻게 할 것인가를 화두로 해서 전개됐다고 말할 수 있다. 이 화두를 계속 붙들고 있는 한,

한국사학은 국사 패러다임에서 벗어나지 못한다. 이 화두를 버릴 때 한국사학은 '탈국사'의 단계에 접어들 수 있다.

국사 패러다임은 한국 역사학에만 국한된 현상은 아니다. 일본 와세다 대학의 이성시는 다음과 같이 말했다. "훗날 동아시아 사학사에서 20세기란 국민국가의 거푸집 속에서 상상의 공동체를 창출하기 위한 이야기를 재생산한 '국사의 시대'로 자리매김 될 것임에 틀림없다. 그렇다손 치더라도 도대체 우리는 '국사의 시대'에 짜여진 이야기에서 언제쯤 해방될 것인가?"[106] 나는 한국사의 주어를 더 이상 민족으로 설정하지 않거나 또는 그 목표를 근대화와 통일로 여기지 않는 역사 서술이 등장할 때, 비로소 국사의 시대가 종말을 고하고 한국 역사학의 새로운 패러다임이 등장할 것이라고 전망한다.

현 단계에서 국사를 재정립하거나 해체하려는 두 방향에서의 움직임이 감지되고 있다. 첫 번째로 뉴 라이트 운동을 전개하는 사람들이 시도하는 역사 수정주의다. 이들은 민족 대신에 대한민국이라는 국가를 주어로 해서 한국사 다시 쓰기를 주장한다. 이런 주장을 하는 이들은 대한민국이 근대화라는 목표를 성공적으로 달성했다는 점을 그 논거로 든다. 여기에는 역사의 목표로서 민족통일을 포기하자는 주장이 내포돼 있다. 통일보다는 성장이 중요하며, 어떤 경우에도 전자를 위해 후자를 희생시킬 수 없다고 믿기 때문에 북한의 역사를 한국사에서 제외시키고자 한다.

 6·25가 통일전쟁인가 아닌가는 결국 한국사를 민족의 역사로 보느냐 국가의 역사로 보느냐로 결론이 내려질 문제이다. 뉴 라이트의 전신은 반공민족주의자들이다. 이들은 북한은 근대화라는 역사의 목표를 달성하는 데 실패했지만, 남한은 성공했다는 근거로 국사 개념의 수정을 요구한다. 뉴 라이트의 다시 쓰기가 역사의 주어만을 바꾸고 목표는 수정하지 않는 데 반해, 두 번째의 다시 쓰기는 민족이라는 주어와 근대화라는 목표 둘 다의 수정을 요구하는 탈근대주의 경향성을 가진다. 또한 후자는 통일이 아닌 탈분단을 지향한다. 나는 이 두 번째의 한국사 다시 쓰기를 통해서 민족 대신에 동아시아를 '기억의 장'으로 하는 '탈국사적' 역사 서술이 나올 수 있다고 믿는다.

 8차 교육과정 개편과 관련해서 논의되고 있는 두 가지 쟁점 사항은 국사에서 동아시아사로 한국사의 패러다임 전환을 이루는 전기를 마련할 수 있다. 첫 번째는 국사라는 명칭을 폐기하고 한국사라는 이름으로 교과서를 다시 서술해야 한다는 것이다. 두 번째는 세계화 시대를 맞이해서 한국사 교육과 세계사 교육을 분리하지 않고 하나로 통합할 수 있는 방안을 모색해야 한다는 것이다. 이 두 가지 과제는 서로 연결되어 있다. 먼저 교과서 명칭을 한국사로 바꾼다는 것은 민족을 주어로 해서 과거를 역사화하는 국사 패러다임에서 탈피하는 것을 의미한다.

해방 이후 지난 60년 동안 한국 역사학을 지배해온 국사 패러다임은 신채호에 의해 공식화된 "아와 비아의 투쟁"에 입각해 성립했다. 이와 함께 국사와 세계사라는 역사의 이분법적 체계가 확립됐다. 국사가 '아의 역사'라면, 세계사는 '비아의 역사'다. 이런 역사의 이분법을 옹호하는 논리는 고등학교 국사 교과서에 명시되어 있듯이 저항적 민족주의다. 그리고 국사와 세계사를 묶는 공식은 세계사적 보편성과 한국사적 특수성이었다. 하지만 이 공식에 따라 세계사와 국사를 나누는 역사의 이분법은 이제는 폐기돼야 마땅하다. 저항적 민족주의에 입각한 국사 교육을 지향하면서 동아시아 관점을 갖고 미래를 여는 역사를 쓴다는 것은 자기모순이다.

세계사적 보편성과 한국사적 특수성으로 국사와 세계사를 연결하는 것 역시 의식적으로는 민족주의를 내세우면서도 무의식적으로는 여전히 서구 중심적 역사관에서 벗어나지 못하는 태도다. 한국사적 특수성이란 결국 세계사적 보편성의 예외라는 의미이며, 이는 서구적 근대라는 보편성을 잣대로 우리 역사를 보는 방식을 내재화하는 자기 분열의 징후다.

한국사는 세계사 밖에 있지 않고, 세계사 또한 우리 역사 너머에 있지 않다. 때마침 8차 교육과정의 개편이 고등학교 1학년 때 한국 근현대사와 세계사를 역사 교과로 묶어서 교육하는 방향으로 이루어진 것은 매우 고무적인 시도로 여겨진다. 지금 우리에게 필요한 것은 국사가 아니라 '세계 속의 한국사'이며, 그냥 세계사가 아니라 '우리의 눈으로 보는 세계사'다. 요컨대 국사와 세계사라는 이분법으로 자국사와 타국사를 분리시키는 것이 아니라 한국사와 세계사의 상호관련성을 구현하는 역사 교과서 서술과 역사 교육이 요청된다.

하지만 문제는 '세계 속의 한국사'가 과연 어떻게 서술될 수 있는가이다. 나는 그 중간 단계로 '기억의 장'으로서의 동아시아를 범주로 한 동아시아사를 어떻게 쓸 수 있는지부터 논의해봐야 한다고 생각한다. 역사를 "아와 비아의 투쟁"으로 보는 방식으로는 '세계 속의 한국사'나 동아시아사가 결코 서술될 수 없다. 왜냐하면 우리와 세계 또는 동아시아의 관계를 투쟁이 아니라 공존을 위한 '기억의 장' 속에 위치시킬 수 있을 때 상호연관성을 원리로 한 세계사와 동아시아사가 집필될 수 있기 때문이다.[107]

전근대 한국사가 동아시아를 무대로 해서 전개됐다면, 근현대 우리의 역사적 운명은 그야말로 세계사적인 차원에서 결정됐다. 탈냉전 이후 동아시아 담론이 재부상하고 21세기는 동북아시대가 될 것이라는 전망과 함께 한반도 문제를 타개하는 전략으로 '동북아균형자론'이 제기됐다. 이런 '동아시아의 귀환' 을 바라보면서 나는 동아시아가 한국사의 장기지속적 구조라는 생각을 한다. 브로델의 용어를 빌어 말하면, 우리는 동아시아라는 '감옥'에 살고 있다. 따라서 동아시아를 '기억의 장'으로 한 우리 역사 인식이란, 브로델이 지중해를 무대로 성찰했던 것처럼, 우리에게 주어진 자유의 한계에 대한 탐색이며 우리의 역사적 운명에 대한 탐구이다.

맺는 말
동아시아 담론에서 동아시아 공동체로

'동아시아 공동체 만들기' 프로젝트의 실현을 위해 일차적으로 제기해야 하는 물음이 "우리에게 동아시아란 무엇인가"이다. 우리에게 동아시아는 두 가지 맥락에서 화두가 되고 있다.

첫 번째는 서구가 제국주의적 욕망을 갖고 비서구 지역을 연구대상으로 삼았던 종래의 '동아시아 연구East Asian Studies'를 대체할 수 있는 새로운 학문적 패러다임으로 '동아시아학'을 정립해야 한다는 것이다. 일본인으로서 성균관대학교 동아시아학술원에서 연구하는 미야지마 히로시는 "동아시아 지역을 내재적으로 연구함으로써 유럽에서 태어난 지금까지의 학문 분류 자체를 다시 보려는 것이 동아시아학의 기본 목적"이

라고 말했다.[108]

　근대란 서구에서 성립한 과학적 인식체계에 의거해서 인간과 세계에 관한 모든 지식을 정의하고 분류했던 시대다. "우리에게 동아시아란 무엇인가"의 문제제기는 이런 근대 서구 중심주의를 탈피해서 동아시아를 내재적 관점으로 연구하는 새로운 패러다임을 정립하는 것을 목표로 한다.

　1990년대에 이르러 "우리에게 동아시아란 무엇인가"의 질문은 사회과학은 물론 인문학 전반에서 제기됐다. 동아시아 정체성 문제는 어느 학문 분야보다도 역사학이 다루어야 할 테마다. 그럼에도 역사학자 가운데 특성 소수만이 동아시아 담론의 장에 참여하고 있다. 왜 이런 현상이 벌어졌는가?

　나는 그 문제의 원인을 한국 역사학 자체 안에서 찾는다. 한국 근대 역사학은 철저하게 서구 중심주의에 입각해서 성립했다. 서구 역사학의 잣대인 고대, 중세, 근대의 3시대구분에 의거해서 세계사적인 보편성 속의 한국사적 특수성을 구현해낼 수 있다는 믿음은 전형적인 오리엔탈리즘의 발로다. 역사를 시간적으로 고대, 중세, 근대의 3시대구분으로 나누고, 공간적 범주로 한국사, 동양사, 서양사라는 3분법을 고수하는 한, 한국 역사학의 오리엔탈리즘 극복은 요원하다.

　한국사, 동양사, 서양사의 역사 3분법에 입각해서 자국사의 독자성을 확보하고자 하면서, 자국사의 발전 과정을 고대, 중세, 근대라는 서구 역사의 잣대로 재는 국사國史의 에피스테메는 자기모순이다. 동아시아 관점은 이런 국사의 자기모순을 극복할 수 있는 하나의 대안이다. 이는 동아시아사의 맥락 속에서 한국사의 개체성과 고유한 발전방식을 해명할 수 있는 길을 모색한다.

동아시아는 한국사의 장기지속을 결정하는 구조이자 무대를 형성하는 역사세계였다. 우리역사에서 신라의 삼국통일, 고려의 성립과 조선의 건국 그리고 대한제국의 멸망과 일제 식민지화는 모두 동아시아사의 맥락 속에서 이뤄졌다. 따라서 오늘의 한국 역사학은 이 같은 동아시아 관점을 전유하여 '동아시아학'이라는 새로운 학문적 패러다임 정립에 이바지해야 한다.

"우리에게 동아시아란 무엇인가"의 문제제기를 하는 두 번째 이유는 지금 우리가 처한 절박한 현실에서 기인한다. 미국이 쇠락하는 것과 대조해서 중국이 날로 부상하면서 '리오리엔트'의 경향성이 강화되고 있다. 이에 발맞춰서 잃어버린 동아시아 정체성을 다시 회복해야 한다는 목소리가 정치와 문화뿐만 아니라 경제의 영역에서 점점 더 크게 들린다. 미국의 부채는 매년 눈덩이처럼 불어나 천문학적 숫자를 기록하는 반면, 중국 경제의 흑자는 2005년 1,000억 달러를 넘어섰다. 2005

년 중국의 무역 총액도 2년 연속 일본을 누르고 미국과 독일에 이어 3번째를 고수했다.

미국은 이미 경제 적자로 인해 세계의 다른 지역 없이는 존립할 수 없는 채무국으로 전락했다. 달러 약세가 지속되면서 이에 대비해야 한다는 우려의 목소리가 점점 더 커지고 있다. 유럽은 이미 1979년부터 이런 미국 경제의 쇠퇴를 대비해서 유럽통화단위 '에쿠ECU'를 도입했고, 1999년부터는 단일통화인 '유로'로 유럽의 경제적 통합을 이룩했다. 지금은 속도를 조절하고 있지만 유럽은 정치적 통합의 길로 나아가서 유럽헌법을 통과시킨 후 유럽합중국을 탄생시킬 전망이다.

그렇다면 우리도 미국의 지정학적이고 지경학적인 쇠퇴에 대비해서 동아시아 공동체를 구축해야 할 절박한 과제에 직면해 있다. 때마침 2006년 1월 아시아개발은행ADB은 빠르면 3월부터 동남아국가연합(아세안)과 한·중·일 등 동아시아 13개국의 통화가치를 가중평균해서 배스킷 방식으로 산출하여 아시아공동통화로서 '아쿠ACU'를 도입할 것을 천명했다. '아쿠'의 도입은 동아시아 경제의 미국 달러 제국주의로부터의 독립을 의미할 뿐만 아니라 미국경제의 몰락을 불러올 동반 추락을 예방하는 자구책이다.

이처럼 동아시아 공동체란 미국의 군사적 패권주의뿐 아니라 경제적 일방주의에 대항할 수 있는 동아시아의 집단 안전

보장체제의 구축을 의미한다. 따라서 이제는 동아시아 공동체를 만들어야 할 것인가 말 것인가가 아니라, 동아시아 지역질서를 구현할 수 있는 정체성을 어떻게 만들어낼 것인가로 논의의 초점이 이동했다.

정체성을 형성하는 것은 과거의 경험과 미래의 기대다. 역사란 독일의 역사가 코젤렉의 말대로 경험 공간과 기대 지평의 융합으로 구성되는 과거에 대한 지식이다. 오늘의 역사학은 과거 경험과 기대 지평이 융합된 역사로서 동아시아란 무엇인지를 해명할 과제를 안고 있다.

현재로서는 동아시아 공동체는 꿈에 불과하다. 프로이드는 꿈은 미래의 징조가 아니라 결핍된 과거의 보상이고 대리물이라고 말했다. 우리가 동아시아 공동체를 꿈꾼다는 것은 과거에 상실된 기회를 만회함으로써 미래의 새 역사 창조로 나아감을 의미한다. 이를 위해 우리는 먼저 국가와 민족을 넘어서 동아시아 시민들이 함께 공유할 수 있는, 미래의 기대를 충족시킬 수 있는 '기억의 장場'으로서 동아시아란 무엇인지부터 성찰해보아야 한다.

주석

1. 안토니오 네그리·마이클 하트, 윤수종 옮김, 《제국》, 이학사, 2001.
2. 박지향, 《제국주의: 신화와 현실》, 서울대출판부, 2000, 11쪽.
3. J. A. Hobson, *Imperialism*, London, 1954 ed., p.94.
4. 박지향, 《영국사: 보수와 개혁의 드라마》, 까치, 1997, 94쪽.
5. 박지향, 《제국주의》, 31쪽에서 재인용.
6. 일본의 시간과의 경쟁에 대해서는 민두기, 〈시간과의 경쟁: 20세기 동아시아의 혁명과 팽창〉, 제 41회 전국역사학 대회 발표문, 1999. 5. 18.
7. W. T. deBray ed., *Sources of the Japanese Tradition*, New York, 1958, pp.796~797.
8. 아키라 이리에, 〈동아시아와 일본의 부상, 1900~1945〉, 마이클 하워드·로저 루이스 외 지음, 차하순 외 옮김, 《20세기의 역사》, 가지않은길, 2000, 130~146쪽, 131쪽 참조.

9. 에드워드 사이드 지음, 김성곤·정정호 옮김, 《문화와 제국주의》, 도서출판 창, 1995, 13쪽.
10. 스테판 다나카, 박영재·함동주 옮김, 《일본 동양학의 구조》, 문학과 지성사, 2004.
11. 강상중 지음, 이경덕·임성모 옮김, 《오리엔탈리즘을 넘어서》, 이산, 1997, 131쪽.
12. 같은 책, 133쪽.
13. 제국주의 협력자에 대한 역사적 평가에 대해서는 박지향, 《제국주의》, 133~144쪽.
14. 이에 대해서는 박지향, 《제국주의》, 113~133쪽.
15. '태평양전쟁'의 개시와 더불어 전선이 남방의 여러 지역으로 확대되는 시점에서 일제는 '동아'라는 개념 대신에 '대동아'라는 개념을 적극적으로 사용하였다. 태평양전쟁을 통해서 일제는 아시아 내의 '외부'인 남방으로 전략적인 그리고 인식적인 관심을 확대했으며, 이러한 관심의 확대는 '대동아공영권'의 이상을 실현시킬 수 있는 '동아시아 신질서'의 구상으로 나타났다.
16. 박명규, 〈한국 동아시아 담론의 지식사회학적 이해〉, 《동아시아학의 모색과 전망-그 사상적 기저》(성균관대학교 동아시아학술원 개원 기념. 동아시아학 국제학술회의, 2000년 11월 13일~14일) 139~159쪽, 인용은 144쪽.
17. 백영서, 《동아시아의 귀환—중국의 근대성을 묻는다》, 창작과 비평사, 2000.
18. 백영서는 동아시아를 '문명', '지역연대' 그리고 '지적실험'의 셋으로 구분한다 (《중국에 '아시아'가 있는가?-한국인의 시각〉, 정문길 외 엮음, 《발견으로서의 동아시아》, 문학과 지성사, 2000, 55~73

쪽. 그런데 '지역연대로서 동아시아'란 현단계에서는 역시 하나의 '지적 실험'에 해당하는 것이기 때문에 뒤의 두 가지는 같이 묶일 수 있는 것으로 보인다.

19. 앤소니 기든스 외, 임현진·정현준 옮김, 《성찰적 근대성》, 한울, 1998, 101쪽.

20. 임형택, 〈동아시아와 유교문화의 의미-동아시아학의 주체적 확립을 위한 모색〉, 《동아시아학의 모색과 지향-그 사상적 기저》, 59~70쪽, 인용은 64쪽.

21. 이승환, 〈반유교적 자본주의에서 유교적 자본주의로〉, 《동아시아 문화와 사상》 1, 1999년 4월, 81쪽.

22. 백영서 외 지음, 《동아시아의 지역질서: 제국을 넘어 공동체로》, 창비, 2005.

23. 동아시아에 관한 한국의 중요 출판물만 열거하면, 백영서, 《동아시아의 귀환》, 창작과 비평사, 2000; 정문길 외, 《발견으로서 동아시아》, 문학과 지성사, 2000; 야마무로 신이찌, 임성모 옮김《여럿이며 하나인 아시아》, 창비, 2003; 쑨 거, 류준필 외 옮김,《아시아라는 사유공간》, 창비, 2003; 천꽝싱, 백지운 외 옮김,《제국의 눈》, 창비, 2003; 왕 후이, 이욱연 외 옮김, 《새로운 아시아를 상상한다》, 창비, 2003; 서중석·김경호 (편), 《새로운 제국 질서를 향한 제국 질서의 해체》, 청어람미디어, 2004; 정문길 외, 《주변에서 본 동아시아》, 문학과 지성사, 2004; 와다 하루키, 이원덕 옮김, 《동북아시아 공동의 집》, 일조각, 2004.

24. '주어진 아시아'와 '만드는 아시아'에 대해서는 야마무로 신이찌, 위의 책.

25. 쑨 거, 《아시아라는 사유공간》, 61쪽.

26. 강상중 지음, 이경덕·임성모 역, 《오리엔탈리즘을 넘어서》 이산, 1997.
27. 안병직, 〈계몽사상과 유럽의 이념〉, 《서양사연구》 17, 2001, pp.1~18; 정지농, 《오리엔탈리즘의 역사》, 살림, 1003; 김기봉, 〈독일 역사철학의 오리엔탈리즘: 칸트, 헤르더, 헤겔을 중심으로〉, 《담론 101》 제 7권 1호, 2004, 148~171쪽.
28. 와다 하루키, 위의 책, 50쪽.
29. 오카쿠라 텐신, 〈동양의 이상〉, 최원식·백영서 엮음, 《동아시인의 '동양' 인식: 19~20세기》, 문학과 지성사, 1997, 19~51쪽.
30. 다케우치 요시미, 〈방법으로서 아시아〉, 위의 책, 71~95쪽.
31. 쑨원, 〈대아시아주의〉, 위의 책, 160~165쪽.
32. 신채호, 〈동양주의에 대한 비평〉, 위의 책, 116~110쪽.
33. 안중근, 〈동양평화론〉, 위의 책, 105~115쪽.
34. 최장집, 〈동아시아 공동체의 이념적 기초〉, 《아세아연구》 제47권 4호(2004, 겨울), 93~111쪽, 인용은 98~99쪽.
35. 장 바티스트 뒤로젤, 이규현 이용재 옮김, 《유럽의 탄생》, 지식의 풍경, 2003, 351~355쪽.
36. '인식의 공유' 와 '문맥의 공유'에 대한 차이에 대해서는 일본에서 열린 제8회 〈日中·知의 공동체〉, 2001. 8. 19에서 미조구찌 유오조 溝口雄三의 발표문 참조.
37. 지만수, 〈한·중 경제관계의 인식과 한국의 선택〉, 《역사비평》 69, 2004, 겨울, 108~117쪽.
38. 안드레 군더 프랑크, 〈종이호랑이와 떠오르는 용〉, 아시아문화심포지엄, "세계화 시대, 아시아를 다시 생각한다: 근대성과 삶의 방식", 광주, 2005. 1. 13, 발표문.

39. 이러한 노무현 대통령의 동북아 중추국가의 구상은 '동북아균형자론'이라는 발전된 형태로 제안되었다. 이는 100년 전 대한제국 몰락 이유에 대한 상이한 역사적 해석과 관련해서 정치적 논쟁을 일으켰다. 하지만 이 논쟁은 북핵 문제를 둘러싸고 미국과 갈등을 빚으면서 물밑으로 가라앉았다. 그럼에도 '동북아균형자론'은 21세기 한반도가 나아갈 방향에 대한 문제를 '동아시아의 가능성과 불가능성'을 화두로 해서 우리가 스스로가 주도적으로 제기했다는 의미를 가진다.

40. 한류에 대한 여러 해석에 대해서는 이욱연, 〈한·중 문화교류와 한·중 '공동의 집'〉, 《역사비평》 69, 2004, 겨울, 118~139쪽.

41. 최장집은 현단계에서 동아시아 공동체 형성이 어려운 가장 핵심적인 이유는 "동아시아 각국이 민족주의에 큰 영향을 받고 있기 때문"이 아니라 "냉전시 형성된 바 있는 대립관계를 다른 형태로 유지온존" 시키고자 하는 미국의 세계전략 때문이라고 주장했다(위의 글, 107쪽). 따라서 그는 민족주의가 동아시아 공동체 형성의 걸림돌이라고 말하는 탈민족 담론은 동아시아가 현재 처해 있는 특수한 현실을 보지 못하는 것이라고 비판했다. 최근 일본과 남한에서 우익이 미국을 등에 업고 민족주의 주장을 펼치는 현상이 동시 발생적으로 나타났던 것에 비추어볼 때, 냉전을 주요모순으로 설정하는 최 교수의 견해는 친미 냉전주의자와 우익 민족주의자 사이의 연결고리를 잘 설명해준다. 하지만 냉전의 해소만으로 동아시아 공동체가 마련될 수 있을까? 우익 민족주의자들에게 냉전은 수단이지 목적이 아니다. 그들은 냉전이라는 조건을 활용해서 민족주의적 주장을 펼치고자 한다. 역사적으로 보아도 민족주의 자체를 넘어서지 않고 형성된 동아시아 공동체란 기본적으로 과거 일본의 아시아주

의나 대동아공영권의 재판이 될 수밖에 없지 않은가?
42 와다 하루키, 《동북아시아 공동의 집》, 83쪽.
43 《중학교 국사》, 교육인적자원부, 2004, 머리말.
44 《고등학교 국사》, 교육인적자원부, 2004, 11쪽.
45 같은 곳.
46 《일본 중학교 역사 교과서》, 후쇼사, 2005, 6쪽.
47 《중학교 국사 교과서》, 머리말.
48 《일본 중학교 역사 교과서》, 후쇼사, 2001, 6쪽.
49 《고등학교 최신 일본사》, 국서간행회, 2001, 5쪽.
50 삼국 중 고구려가 1세기 후반 태조왕 때 중앙집권국가로서의 면모를 갖춤으로써 가장 먼저 국가체제를 정비했다는 것이다. 그렇다면 고조선과 고구려 사이의 한국사의 빈 공간을 어떻게 설명할 수 있는가? 역사를 국사로서 파악하는 것의 문제점들 가운데 하나가 역사를 국가 내지는 왕조의 역사로만 파악함으로써 위와 같은 역사의 공백을 만들거나 통일적인 왕조나 국가를 성립하지 못한 시기를 혼란기 내지는 과도기로 규정한다는 것이다.
51 《중학교 국사 교과서》, 38쪽.
52 《고등학교 최신 일본사》, 4쪽.
53 같은 곳.
54 일본의 역사가들은 백제의 멸망 연대를 660년의 사비성 함락이 아니라 663년의 백촌강 전투로 보는 데 반해, 김부식의 《삼국사기》에는 백촌강 전투에 대한 어떤 서술도 없다. 왜 이런 차이가 나타나는 것일까? 전근대에는 왕조 그리고 근대에는 민족이라는 선험적 코드에 따라 역사적 정통성을 확립할 목적으로 국사의 연속성이 한국사의 계열을 형성했다. 김부식은 고려 왕조의 정통성의 관점에서 삼

국시대의 역사를 구성했고, 이런 관점에 의거해서 일본과의 관계사가 편집되고 생략됐을 개연성이 충분히 있다. 만약 그렇다면, 한국사의 재구성을 위해서는 국사에 의해 은폐되고 배제된 역사를 복원하는 고고학적 역사가 반드시 필요하다. 요컨대 왕조사 또는 국가사의 연속성을 강조하기 위해 은폐되고 상실되었던 역사의 단절과 불연속성의 의미들을 재인식하는 것을 목표로 하는 국사에 대한 계보학적 고찰이 요청된다.

55. 사적 역사와 공적 역사의 불일치는 족보상의 시조와 민족사의 기원과의 차이를 통해 명확히 드러난다. 개인적인 나의 뿌리를 대변하는 것은 성씨다. 그런데 한국인 성씨의 대부분은 중국에서 유래했다. 그렇다면 이런 사적인 조상의 역사와 공적인 민족의 역사 사이의 틈새를 어떻게 설명할 수 있는가? 종래의 역사 담론은 공적 역사가 사적 역사를 억압하고 배제하는 것으로 성립했다. 따라서 사적 역사의 발굴과 재조명을 위해서라도 국사의 해체가 요청된다.

56. 정선영 외, 《역사 교육의 이해》, 삼지사, 2004, 19쪽.

57. 미국, 영국 그리고 한국의 역사 교육 목표에 대한 비교에 대해서는 위의 책, 77~90쪽.

58. 위의 책, 83쪽.

59. 폴 벤느, 《역사를 어떻게 쓰는가》, 새물결, 2004, 100~101쪽.

60. 야콥 부르크하르트, 이상신 옮김, 《세계사적 성찰》, 신서원, 2001, 14쪽.

61. 《일본 중학교 역사 교과서》, 8~11쪽.

62. 박중현, 〈역사 교육을 중심으로 일본 역사 교과서 체제 분석〉, (2005년 일본 문부과학성 검정 통과 후소샤 · 동경 · 일본 교과서 분석 심포지엄(2005. 4. 11, 서울 역사박물관) 자료집, 85~90쪽, 인용은 86

쪽.
63. 《고등학교 최신 일본사》, 5쪽.
64. 이러한 일본 역사학의 제도화에 대해서는 백영서, 〈'동양사학'의 탄생과 쇠퇴: 동아시아에서 학술제도의 전파와 변형〉, 《창작과 비평》 116, 2004, 겨울.
65. 해방 후 한국 대학의 사학과 교육체제에 대해서는 김태승, 〈동양사란 무엇인가 – 한국의 경우〉, '비판과 연대를 위한 동아시아 역사포럼' 제7차 워크샵 (2004. 11. 1~5) 발표문.
66. 고등학교 국사 교과서 머리말.
67. 《일본 중학교 역사 교과서》, 117쪽.
68. 같은 곳.
69. 《중학교 국사》, 314쪽.
70. 《일본 중학교 역사 교과서》, 111~113쪽.
71. 요시노 마코트, 한철호 옮김, 《동아시아 속의 한일 2천년사》, 책과함께, 2005, 4쪽.
72. 이러한 역사의 인식론적이고 존재론적인 문제를 2001년 판 후쇼사 교과서는 머리말 〈역사를 배운다는 것은〉에서 이렇게 표현했다. "역사는 개인에 따라서도 시대에 따라서도 움직여서 일정하지 않다. 그러나 그렇게 되면 마음이 진정되지 않고 불안해질 것이다. 하지만 바로 그렇기 때문에 역사를 배우는 것이라고도 할 수 있다."
73. 일본 후쇼사 교과서가 1890년 터키 군함을 일본인들이 구조한 과거의 사건을 학생들로 하여금 역사 신문으로 재현하게 하고, 이것의 연속선상에서 1985년 이란과 이라크 전쟁에서 터키 정부가 일본인들을 구조하기 위해 구원기를 보냈던 최근의 사건을 역할극으로 재연하는 과제를 내는 것은 일본인들의 인도주의를 학생들에게 각인

시켜서 민족적 자부심을 심어주는 매우 효과적인 수업방식임에는 틀림없다.
74. 조상기, 〈역사의 대화〉, 《한겨레신문》, 2005. 4. 19.
75. 《고등학교 국사》, 13~15쪽.
76. 《일본 중학교 역사 교과서》, 18쪽.
77. 《중학교 국사》, 37쪽.
78. 위의 책, 61쪽.
79. 전진성, 《역사가 기억을 말하다》, 휴머니스트, 2005, 14쪽.
80. P. Nora, ed., *Les Lieux de Mémoire* 7 vols, Paris, 1984~1991.
81. 이에 대한 자세한 논의는 김학이, 〈민족의 기억, 민족의 상상 - 얀 아스만의 "문화적 기억"〉, 동아대학교 인문과학 연구소 기획 콜로키움, "한·중·일의 사회적 기억과 동아시아" (2005. 9. 13) 발표문); 전진성, 〈기억과 역사: 새로운 역사·문화이론의 정립을 위하여〉, 《한국사학사학보》 8, 2003. 9; 최호근, 〈집단기억과 역사〉, 《역사 교육》 85, 2003. 3.
82. 헤로도토스, 봉천서양사연구실 엮음, 《역사》, 《서양의 역사학I》, 청년사, 1997, 17쪽.
83. 니콜라 디코스모, 이재정 옮김, 《오랑캐의 탄생》, 황금가지.
84. 중국인들이 고구려, 백제, 신라를 '해동삼국'으로 지칭한 것으로 보아 삼국이 어떤 방식으로든 상호 연관성을 가진다는 점은 분명하다. 중국이 고구려, 백제, 신라를 '해동삼국'으로 칭했다는 사실은 중국인들 스스로가 고구려를 자국사의 범주에서 제외시켰다는 명백한 증거로 제시될 수 있다 (김정배, 〈中國史書에 나타나는 海東三國〉, 《한국사 속의 고구려의 위상》, 고구려연구재단, 2004, 15~18쪽). 하지만 그 명칭 자체가 고구려, 백제, 신라가 하나의 역사공동

체임을 입증한다고는 말할 수 없다. 그것은 단지 중국의 동쪽, 정확하게는 발해만 이동에 위치한 세 나라라는 지리적인 위치를 지칭하는 말일 수 있기 때문이다. 결국 고구려, 백제, 신라를 과연 한국사라는 하나의 역사로 묶을 수 있는가 없는가의 결정적인 판단기준은 후대 역사가의 역사 서술에 의거해서가 아니라 그 당시 세 나라에 살았던 사람들 스스로가 동일한 역사 공동체라는 동류의식을 정말로 가졌는가 하는 점이다.

85. 신채호, 〈朝鮮歷史上 一千年來 第一大事件〉, 《전집》 중, 단재 신채호선생 기념 사업회, 형설출판사, 1971, 104쪽.

86. 본기에서는 고구려 시조 주몽과 신라 시조 혁거세의 죽음 모두 승하昇遐로 표기했지만, 연표에서는 오직 주몽의 죽음만을 승하라고 쓰고 그 이외 다른 왕은 제후의 죽음을 가리키는 용어인 薨(훙)이라고 했다. 이러한 연표와 본기에서의 혁거세 죽음을 가리키는 용어의 차이에 주목하여 고구려 중심의 《구삼국사》가 김부식의 《삼국사기》에 의해 신라 중심으로 바뀌었다는 해석을 한다(정구복, 《삼국사기의 현대적 이해》, 서울대학교 출판부, 2004, 10쪽).

87. 물론 이러한 주장은 확실한 증거에 의거한 것이 아닌 정황적 해석에 불과할 수 있다. 《구삼국사》의 실체에 대한 부정적 견해로는 이강래, 《삼국사기 전거론》, 민음사, 1996, 111~304쪽.

88. 김부식, 《삼국사기》, 권 제29, 年表 上.

89. 조선 후기 실학자들은 북방 영토를 회복해야 한다는 변경의식을 가졌다. 이들의 변경의식은 실지회복과 국방강화라는 한 가지를 목표로 해서 성립했다. 청나라에 대한 실학자들의 이러한 변경의식은 이후 민족이라는 '기억의 장'을 형성하는 데 기여했다. 실학자의 변경의식을 민족의식의 발전 과정으로 파악하는 연구로는 조광, 〈조

선 후기의 변경의식〉, 《백산학보》16, 1974.
90. 신채호는 이종휘의 아들에 의해 편찬된 문집인 《수산집》의 사학사적 의미를 다음과 같이 찬양했다. "이종휘의 《수산집》은 단군 이래 조선 고유한 독립적 문화를 詠歌하여 김부식 이래 사가의 노예사상을 갈파하여 특유한 발명과 채집은 없다 하여도 다만 이 한가지로도 또한 不朽에 乘할 것이다." (신채호, 〈조선상고사〉, 《단재 신채호 전집》상, 단재 신채호 선생 기념사업회, 형설출판사, 1971, 43쪽).
91. 신채호, 〈조선상고사〉, 《전집》상, 단재 신채호선생 기념 사업회, 형설출판사, 1971, 31쪽.
92. 지수걸, 〈'민족'과 '근대'의 이중주〉, 《기억과 역사의 투쟁》, 삼인, 2001, 56~80쪽.
93. 《고등학교 국사》, 국사편찬위원회, 2004, 15쪽.
94. http://www.dailyseop.com/data/article/19000/0000018303.aspx.
95. 《중학교 국사》, 교육인적자원부, 2005, 306쪽.
96. 이전에는 6·25전쟁보다는 6·25사변이라는 용어가 일반적으로 사용됐다. 그런데 재미있는 사실은 남한에서 '사변'이란 변고를 의미하는 부정적인 사건을 의미하는 데 반해, 북한에서는 새로운 긍정적인 대변혁을 지칭한다는 점이다. 어쩌면 6·25사변이라는 사건이 남북한의 이러한 의미론적인 차이를 만들어냈는지도 모르며, 이러한 의미의 차이는 남북한의 6·25전쟁에 서로 다른 역사적 평가를 내포한다.
97. 박명림, 《한국전쟁의 발발과 기원 – 결정과 발발》, 나남출판, 1997, 30~31쪽.
98. 와다 하루끼, 서동만 옮김, 《한국전쟁》, 창작과비평사, 1999.
99. 한 중 일 3국 공동역사편찬위원회, 《미래를 여는 역사》, 한겨레 신문

사, 2005, 114~115쪽.
100. 백영서, 〈동아시아 평화를 앞당기는 소중한 첫걸음〉, 《창작과 비평》119, 2005, 가을, 365쪽.
101. 위의 책, 196쪽.
102. 신주백, 〈한국 교과서에 기억된 8·15, 망각된 8·15〉, 아시아평화와 역사 교육연대 편, 《한·중·일 3국의 8·15 기억》, 역사비평사, 2005, 49~83쪽.
103. 아시아평화와 역사 교육연대 편, 《한·중·일 3국의 8·15 기억》, 역사비평사, 2005.
104. 위의 책, 11쪽.
105. R. Koselleck, "Erfahrungswandel und Methodenwechsel. Eine historisch-anthropologische Skizze", in: Ch. Meier u. J. Rüsen (ed.), *Historische Methode*, (München, 1988), pp. 13~61.
106. 이성시, 《만들어진 고대: 근대 국민국가의 동아시아 이야기》, 박경희 옮김, 삼인, 2001, 34쪽.
107. 강선주, 〈세계화 시대의 세계사교육: 상호관련성을 중심 원리로 한 내용구성〉, 김한종 외, 《역사 교육과 역사인식》, 책과 함께, 2005, 377~410쪽; 이영효, 〈세계사 교육에서의 '타자 읽기'〉, 같은 책, 411~449쪽.
108. 미야지마 히로시, 〈동아시아세계 속의 한국학〉, 한림대학교 한국학연구소 편, 《21세기 한국학, 어떻게 할 것인가》, 푸른역사, 2005, 89~111쪽, 인용은 93쪽..

찾아보기

강상중 40
강정구 158
경사일체 171
구삼국사 166
국사 109
기억의 장 157
기억의 터 192
김부식 150
냉전 22
네러티브 40
니토베 이나조오 40
다케우치 요시미 76
담론 112
대동아공영권 6, 8
대항주체 70
동북아 균형자론 10
동북아시대 92
동북아시아 69
동북아시아 공동의 집 89
동아시아 공동체 6
동아시아 담론 6

동아시아 연구 64
동아시아 지역질서 9
동아시아학 24
동양 8
동양사 40
동양주의 78
러일전쟁 175
리오리엔트 6
마르크스주의자 27
망각 157
매트릭스 164
메타역사 161
문맥의 공유 90
문화 24
문화적 전환 36
미래를 여는 역사 188
미야지마 히로시 199
민족 46
민족 교육 119
민족주의 32
박명림 185
사기 164
사마천 163
사회적 기억 8
사회제국주의 31

삼국사기 150
상상의 공동체 13
서구 중심주의 64
성찰적 근대화 61
세계사 129
세계화 6, 24
시라토리 구라키치 40
신채호 79
심상지리 35
아세안 공동체 91
아시아 5
아시아주의 6
안드레 군더 프랑크 92
에드워드 사이드 36
역사 교육 105
오리엔탈리즘 5
오리엔트 37
오카쿠라 텐신 73
와다 하루키 89
유럽 공동의 집 89
6·25전쟁 184
인식의 공유 90
장기지속 14
전통 62
정사 164

정체성 6
정체성 67
제국주의 22
조공 94
조선 26
중화사관 164
중화사상 40, 45
중화세계질서 85
중화제국 8
지나 40
책봉 26
탈구조주의 36
탈국사적 131
탈근대 8, 36
탈냉전 9, 98
탈미국화 84
탈민족주의 84
탈아입구 39
페르낭 브로델 14
피에르 노라 158
하야시 타이스케 172
한국전쟁 97, 186
한류 96
해동삼국 165
후쇼사 138

역사를 통한 동아시아 공동체 만들기

* 2006년 2월 28일 초판 1쇄 발행
* 2007년 6월 30일 초판 2쇄 발행
* 글쓴이   김기봉
* 발행인   박혜숙
* 편집인   백승종
* 영업   양선미
* 제작   변재원
* 인쇄   백왕인쇄
* 제본   경일제책
* 펴낸곳   도서출판 푸른역사
  우 110-040 서울시 종로구 통의동 82
  전화: 02)720 - 8921(편집부) 02)720 - 8920(영업부)
  팩스: 02)720 - 9887
  전자메일: 2007history@naver.com
  등록: 1997년 2월 14일 제13-483호

ⓒ 김기봉, 2007
ISBN   978-89-91510-23-X   03900

· 잘못 만들어진 책은 교환해드립니다.